FACULTÉ DE DROIT DE PARIS.

THÈSE

POUR

LE DOCTORAT

SOUTENUE

par

M. BAUDOUIN,

AVOCAT.

PARIS,

CHARLES DE MOURGUES FRÈRES, SUCCESSEURS DE VINCHON,

Imprimeurs-Éditeurs de la Faculté de Droit de Paris,

RUE JEAN-JACQUES-ROUSSEAU, 8.

1861.

FACULTÉ DE DROIT DE PARIS.

THÈSE

POUR LE DOCTORAT.

L'a... public sera soutenu, le Mardi 6 août 1861,
à deux heures,

Par BAUDOUIN, de Saint-Benoit (Loiret).

Président : M. PELLAT, Professeur.

SUFFRAGANTS : MM. ROYER-COLLARD, COLMET-DAAGE, DURANTON, Professeurs. BATBIE, Agrégé.

Le Candidat répondra, en outre, aux questions qui lui seront faites sur les autres matières de l'enseignement.

PARIS,

CHARLES DE MOURGUES FRÈRES, SUCCESSEURS DE VINCHON,
IMPRIMEURS-ÉDITEURS DE LA FACULTÉ DE DROIT DE PARIS,
Rue J.-J. Rousseau, 8.

1861.

A MON BEAU-PÈRE

M. J.-J. BUGNET,

Professeur de Code civil à la Faculté de Droit de Paris, chevalier de l'ordre impérial de la Légion d'honneur, membre du Conseil général du département du Doubs, etc., etc.,

Témoignage de filiale affection.

DROIT ROMAIN.

DE REBUS CREDITIS.

PRÉLIMINAIRES.

Les auteurs du Digeste, après avoir traité, au titre VI, livre IV, des actions réelles, des actions prétoriennes ayant un caractère de réalité et des trois actions mixtes, consacrent le livre XII à l'exposé des actions personnelles, aux *condictiones*. Ils parlent d'abord de la *condictio certi* en général, puis de la *condictio* particulière qui naît du *mutuum*, et à cette occasion ils traitent incidemment des serments volontaire, nécessaire et judiciaire, qui interviennent fréquemment entre prêteur et emprunteur. Enfin, ils parcourent les autres espèces de *condictiones*, dont la théorie s'étend jusque sur les titres suivants.

Ce livre XII, dont je me propose d'étudier ici le titre

premier, porte une rubrique à trois membres, conçue dans les termes les plus généraux.

La première partie de l'intitulé : *De rebus creditis*, avait été mise en tête de l'édit perpétuel par le préteur Salvius Julianus, afin de pouvoir, sous un titre d'une grande étendue, d'une facile élasticité, placer les contrats les plus divers et expliquer les droits les plus variés : *Quoniam igitur multa ad contractus varios pertinentia jura sub hoc titulo prætor inseruit, ideo rerum creditarum titulum præmisit* (L. 1, *De rebus creditis*). C'est ce que dit Ulpien dans la loi 1, tirée du livre VI de ses Commentaires sur l'Edit perpétuel, par laquelle commence le livre XII, du Digeste, et il ajoute que le préteur employa le mot *res* à cause de sa grande généralité : *Rei quoque verbum ut generale prætor elegit.*

Dans le sens le plus large, le mot *creditum*, supin de *credere*, confier, signifie toute créance, de quelque nature qu'elle soit. *Creditorum appellatione*, dit Gaïus dans son Commentaire sur l'Édit, *non hi tantum accipiuntur qui pecuniam crediderunt, sed omnes quibus ex qualibet causa debetur* (loi 11, *De verb. signif.*).

Dans notre livre premier, il ne s'agit pas de toute créance en général, mais seulement des contrats dans lesquels une personne a suivi la foi d'autrui : *omnes enim contractus quos alienam fidem secuti instituimus, complectitur* (L. 1, *De rebus creditis*), et c'est aussi la signification que Celse, dans son livre premier des Questions, donne au mot *credere* : « *Credendi generalis appellatio est, nam cuicumque rei adsentiamur alienam fidem secuti mox recepturi quid ex hoc contractu credere dicimur.*

Ainsi, toutes les fois que nous nous sommes confiés à

la foi d'un tiers, quels que soient le caractère et le résultat du contrat intervenu entre lui et nous ; que ce soit un simple commodat ou un prêt de consommation; que nous ayons livré notre chose pour un simple usage et à charge de restitution, ou que nous l'ayons transférée en toute propriété et à la condition que le tiers qui en sera devenu propriétaire nous en retransférera en pleine propriété une autre de même nature et de même valeur, dans tous les cas il y a eu *creditum*.

Mais les jurisconsultes prennent souvent dans un sens moins large les mots *res creditæ*, et les appliquent plus spécialement aux quatre contrats qui se forment *re*, parce que ces quatre contrats, *mutuum*, *commodatum*, *depositum* et *pignus*, présentent, plus nettement accusé, ce caractère de confiance qui consiste à *fidem alienam sequi*.

Or, parmi ces quatre contrats réels, il en est un qui est remarquable par ce caractère de confiance dans la foi d'autrui : c'est le prêt. Le prêt a donc été pris comme type des contrats dans lesquels *fidem alienam secuti sumus*, et la jurisprudence romaine le désigne souvent par les mots *res creditæ*, dans ce cas particulier, *res creditæ* signifient donc *mutuum* (Ortolan, *Instit.*, tom. 2, page 124), et c'est sans doute pourquoi le titre *De rebus creditis*, qui parle comme en passant des obligations résultant du dépôt (L. 3, liv. 12); du gage (L. 4, § 1); du vol (L. 4, § 2); du legs et de la loi Aquilia (L. 4, § 2); de la tradition des choses qui se consomment *primo usu*, et qui ont été réellement consommées (L. 11, § 2), etc., traite presque exclusivement du prêt d'argent et de l'action particulière qui s'y rattache.

Ainsi le *mutuum* est un des contrats compris sous la dénomination très-élastique de *creditum*; mais il se distingue du *creditum* pris dans son sens général sous deux rapports principaux que voici :

1° Le *creditum* n'a pas nécessairement pour objet des choses *quæ pondere, numero mensurave constant*, et pour qu'il y ait *creditum*, il suffit que la même chose nous soit rendue *in specie*, tandis que le *mutuum* a nécessairement pour objet des choses qui s'apprécient au poids, au nombre ou à la mesure, c'est-à-dire des choses prises *in genere*. La raison de cette différence est évidente. Dans le *mutuum*, l'emprunteur doit rendre au prêteur une chose équivalente, sans pouvoir le forcer à recevoir une chose pour une autre, *aliud pro alio incerto creditori solvi non potest* (loi 2, *De reb. credit.*). Or, les choses considérées *in specie*, comme un esclave, un cheval, n'ont pas d'équivalent ; donc, elles ne peuvent pas faire l'objet d'un *mutuum*. Les choses considérées *in genere*, au contraire, comme le vin, le blé, les monnaies, peuvent, dans les rapports de droit qui les concernent, fonctionner l'une à la place de l'autre, se servir d'équivalent, *in genere suo magis recipiunt functionem per solutionem quam specie*, c'est-à-dire fonctionner dans leur genre plutôt que dans leur individualité. Ces choses peuvent donc faire l'objet d'un *mutuum*, puisqu'en rendant à la place de la chose prêtée une chose du même genre, on ne contreviendra pas à la règle fondamentale de ce contrat.

2° La seconde différence est qu'il peut y avoir *creditum etiam nihil proficiens*, comme lorsqu'une personne promet de donner une dot après la célébration du mariage (loi 2, *De reb. cred.*). Mais dans le *mutuum*, qui est un contrat essentiellement réel, *qui perficitur re*, le lien juridique ne se forme, et le droit du créancier ne prend naissance que par la tradition de la chose, objet du *mutuum*.

En résumant ces détails, on voit que les mots *res creditæ* se trouvent dans les écrits des jurisconsultes romains avec cinq acceptations d'une étendue graduée. Ils signifient : 1° toute créance de quelque nature qu'elle soit ; 2° les contrats dans lesquels une personne suit la foi d'un autre ; 3° les quatre contrats qui *perficiuntur re;* 4° le *mutuum* en particulier ; 5° enfin, dans un sens tout particulier, le *mutuum* d'argent.

Telles sont les significations des mots *res creditæ* par lesquels commence l'intitulé de notre titre Ier.

La seconde partie de cette rubrique, *Si certum petatur*, devrait, pour être complète, se trouver à la suite des mots *condictio certi*, puisque l'action *si certum petatur* appartient à la famille des actions appelées *condictiones certi*.

En effet, à l'époque de Justinien, toute action personnelle ayant pour but de faire valoir un droit de créance quel qu'il fût, s'appelait *condictio* : « Appellamus in rem quidem actiones *vindicationes :* in personam vero actiones quibus dare, facere oportere intendimus *condictiones* (loi 25, *De oblig. et actionibus,* Instit., liv. 4, tit. VI, §§ 14 et 15; Gaïus, C., 4, § 2). » A ce mot de *condictio* on ajoutait *certi* ou *incerti*, suivant la nature de l'engagement contracté : *certi*, quand il s'agissait d'une obligation de *dare* tel objet déterminé dans sa nature, sa qualité et sa quantité (loi 24, *De reb. cred.;* Instit. princ., *De verb. oblig.*); *incerti*, quand l'obligation avait pour but un *facere* ou un *præstare;* car alors son accomplissement est susceptible de s'effectuer sous les modes les plus divers.

Les *condictiones certi* qui étaient fort nombreuses, comme il est facile de se l'imaginer, étaient subdivisées en deux classes distinctes par Ulpien : « Qui certam pecuniam numeratam petit, dit-il dans la loi 1, titre III, livre XIII, illa ratione utitur *si certum petatur;* qui autem alias res *per triticariam condictionem* petet, » celui qui demande toutes autres choses qu'une somme d'argent, que ces choses *sive in pondere sive in mensura constent, sive mobiles sive soli* (loi 1, *De condict. tritic.*), doit employer la *condictio triticaria,* appellation qui est elle-même d'une grande généralité. Elle pouvait, en effet, s'appliquer à la *condictio certi* aussi bien qu'à la *condictio incerti*, puisqu'elle avait pour objet toutes choses déterminées qui n'étaient pas de l'argent comptant.

Ainsi, parmi les actions personnelles, *condictiones*, il en est qui se réfèrent à l'obligation de *dare* une chose ou une quantité déterminée : ce sont les *condictiones certi*, et, parmi ces *condictiones certi*, il en est une qui concerne le prêt d'une somme d'argent comptant : c'est cette dernière espèce de *condictiones* que visent les mots *si certum petatur*, qui forment le second terme de notre intitulé. En effet, le titre 1er du livre XII au Digeste, et le titre 2 du livre IV au Code, qui portent cette rubrique *si certum petatur*, s'occupent, le premier presque exclusivement, le deuxième exclusivement de prêt et de demandes de sommes d'argent.

Les mots *de rebus creditis* et *si certum petatur* sont suivis de ceux-ci *et condictione*, qui terminent notre rubrique. Par cette *condictio*, il faut entendre la *condictio ex mutuo*, comme je le montrerai après une petite digression sur les *condictiones*, qui se placent tout naturellement ici.

Sous le système des actions de la loi qui a duré depuis les premiers temps de Rome jusqu'à l'époque de Cicéron, la *condictio* était une action par laquelle le demandeur dénonçait au défendeur qu'il eût à se présenter le trentième jour pour convenir du juge qui devait examiner leur différend (Gaïus, liv. IV, § 18). La *condictio* avait été établie par la loi Silia pour les cas où il s'agissait d'une *certa pecunia*; par la loi Calpurnia, pour ceux où il s'agissait de toute autre chose *certa* (Gaïus, liv. IV, § 19). Ces deux lois, avant-coureurs législatifs de la loi Æbutia qui, en 583 de Rome, abolit officiellement le symbolisme rigoureux et sacramentel des actions de la loi, sont placées par les historiens, la première vers l'an 510, et la seconde vers l'an 520 de Rome. C'est à peu près là tout ce que l'on sait sur la nature et le but de la *condictio* qui était en usage sous le système des actions de la loi. Aussi MM. Bonjean (tome 1er, page 394), Zimmern (Cf. § 43) et Ortolan (tome 2, page 1013) renoncent à expliquer cette partie de l'ancienne procédure, en présence du silence ou de l'insuffisance des textes.

Mais on sait que, sous le système formulaire, cette dénonciation faite par le demandeur au défendeur, *ut ad judicem capiendum die trigesimo adesset*, n'était plus en usage, *nulla hoc tempore*, c'est-à-dire au temps de Gaïus, *eo nomine denominatio fit* (Gaïus, C. 4, § 18). Cependant l'expression de *condictio* avait été conservée, car elle revient sans cesse dans les espèces des jurisconsultes; seulement, alors elle signifie d'une manière peu correcte l'action personnelle par laquelle quelqu'un prétend qu'un tel doit lui donner une chose, *nunc vero, non proprie, dicimus actionem in personam qua intendimus dare nobis oportere* (Gaïus, C. 4, § 18).

Le temps a donc fait subir à la *condictio* des actions de la loi une transformation complète, dont les diverses phases peuvent s'expliquer d'une manière assez satisfaisante.

Sous le système des actions de la loi, la *condictio*, sans parler de la procédure particulière qui en accompagnait l'exercice, était une action personnelle par laquelle un demandeur soutenait que telle chose déterminée devait être transférée en pleine propriété. Or, dans le passage insensible du système des actions de la loi au système formulaire, le nom de *condictio* fut tout naturellement conservé aux actions personnelles qui tendaient *ad certam pecuniam vel omnem certam rem dandam*, quoique la procédure à laquelle était soumis l'exercice de la *condictio* fût supprimée. Peu à peu la jurisprudence, dont le langage est souvent puisé dans les relations sociales, perdit de vue la procédure ancienne de cette action et finit par ne plus viser que son but et ses résultats. Pour tout le monde la *condictio*, qui n'était originairement qu'une formule de procédure, devint l'*actio in personam* elle-même *qua intendimus vel certam pecuniam vel omnem rem certam nobis dare oportet*. Et c'est ainsi sans doute, du moins on peut l'admettre sans contrarier la raison ni l'histoire, que le mot *condictio*, employé d'abord pour signifier une procédure à suivre dans la poursuite de certains droits, se confondit insensiblement avec ces droits eux-mêmes et finit par être employé pour les dénommer.

Sous le système formulaire, le sens du mot *condictio* reçut une nouvelle extension.

Jusqu'à une certaine époque, en effet, il avait été conservé, comme on sait, pour les actions par lesquelles une personne prétendait que la propriété d'une somme d'argent ou de toute autre chose certaine devait lui être transférée. Bientôt il fut étendu aux actions par lesquelles on demandait l'exécution des obligations dont l'objet était incertain, *quidquid paret dare oportere,* pourvu cependant que l'indétermination ne laissât pas l'objet de l'obligation dans une indécision, un indéfini, un vague tel, que le défendeur pût le réduire à rien, ou du moins à fort peu de chose (Marcellus, loi 94, *pap.;* loi 115, *De verb. obligat.*).

Nous sommes donc amené à reconnaître trois classes distinctes de *condictiones :* 1° la *condictio certæ pecuniæ;* 2° la *condictio certæ rei,* de toute chose certaine autre que l'argent comptant; 3° la *condictio incerti.*

Le demandeur qui avait à employer la première se servait de la formule : *Si paret centum dare oportere, judex centum condemna,* dans laquelle la *demonstratio* se confond avec l'*intentio,* en même temps que la *condemnatio* correspond à l'*intentio.*

Dans les cas où il avait à appliquer la seconde, le demandeur présentait la formule : *Si paret Stichum servum oportere, judex quanti ea res erit tantam pecuniam condemna,* dont l'*intentio* était *certa,* mais dont la *condemnatio* était nécessairement *incerta,* puisque, sous le système formulaire, la *condemnatio* étant toujours d'une somme d'argent, le demandeur ne pouvait pas dire : *Stichum condemna.*

Enfin, quand il s'agissait, comme dans le troisième cas, d'une chose *incerta*, la formule à employer était : *Quidquid ob eam rem dare facere oportet ejus judex condemna*. Mais ici une *demonstratio* était nécessaire pour exprimer l'objet de la demande ; elle devait contenir *quod Aulus Agerius de Numerio Negidio incertum stipulatus est*. L'*intentio* et la *condemnatio* étaient *incertæ* (Gaïus, C., 4, § 136), et la *condictio* prenait le nom du fait qui lui avait donné naissance (loi 24, *De reb. cred.*, *Instit. de verb. oblig.*). Quand, en effet, la *condictio* était *certi*, que le fait qui l'avait occasionnée fût une stipulation, un prêt, etc., l'intention précise était toujours *si paret centum* ou *servum Stichum*, etc., *dare oportere;* la source de l'obligation n'avait pas besoin d'être mentionnée; mais quand il s'agissait d'un legs indéterminé, d'une stipulation indéterminée, etc., l'*intentio* devait être précédée d'une *denuntiatio* qui indiquât la source de l'obligation et donnât à la *condictio* le nom distinctif qu'elle devait porter.

Mais quels étaient les faits qui pouvaient donner naissance à ces trois classes d'actions?

D'abord tous les contrats, tous les actes qui produisaient obligation de transférer en propriété une somme certaine, *certam pecuniam*, ou un objet certain, *rem certam*, tous les contrats innomés, aussi illimités dans leur nombre que le sont les combinaisons de l'intelligence humaine dans leurs formes, produisaient les *condictiones certi* : « *Certi condictio competit ex omni causa, ex omni obligatione ex qua certum petitur sive ex certo contractu putatur sive ex incerto* (loi 9, pr., t. I, l. XII).» De plus, les différents actes qui avaient pour effet de faire sortir certains biens de notre patrimoine et de les faire passer, sans le concours de notre volonté et sans aucun motif juridique, dans le patrimoine des autres, produisaient aussi un grand nombre de *condictiones*, comme la *condictio indebiti*, la *condictio sine causa*, la *condictio causa data, causa non secuta*, etc. (liv. XII, tit. 6, 7, 4).

Quant aux *condictiones incerti* résultant d'une obligation, d'un *facere* ou d'un *præstare* quelconque, elles naissaient des circonstances les plus variées, se présentaient sous les aspects les plus divers, et composaient, sous une qualification générale, la grande classe des actions qui prenaient un nom particulier, suivant la cause particulière qui les produisait ; l'action *ex stipulatu* donnée à la suite d'une stipulation, l'*actio ex testamento* pour faire exécuter les clauses d'un testament, etc., etc. On sent dès lors qu'il est impossible de dresser une nomenclature complète des *condictiones*, et d'ailleurs, les développements dans lesquels je serais entraîné me conduiraient bien loin hors de mon sujet.

Ce que j'ai dit jusqu'ici sur les *condictiones*, sur l'*actio si certum petatur*, et sur les mots *de rebus creditis* suffit pour faire comprendre le vrai sens de la rubrique du titre que je me propose d'étudier. Ainsi, en résumé, les auteurs du *Digeste* annoncent, par les mots *res creditæ*, qu'ils vont parler des contrats dans lesquels *fidem alienam secuti sumus*, et, prenant comme type ce ces contrats le *mutuum*, qui présente au plus haut degré ce caractère de confiance dans la loyauté d'autrui, ils s'en occupent à peu près exclusivement dans le livre XII ; puis, à propos du *mutuum*, ils parlent du prêt d'argent, le prêt le plus usuel, le plus important dans le commerce de la vie, et ils le font suivre de l'action qui lui est propre, de la *condictio* par excellence caractérisée par les mots *si certum petatur;* enfin, ils passent à la *condictio*, sous-entendant *certi*, c'est-à-dire à la *condictio* relative aux choses *certæ* qui ne sont pas de l'argent, *condictio* qui n'est que la *condictio* du *mutuum* plus généralisée.

Je dois dire, avant d'aller plus loin, que mon intention principale, en écrivant cette dissertation, est de traiter du prêt à intérêt en droit français. J'aurais voulu trouver en droit romain une matière parfaitement similaire; mais, dans le titre *De usuris*, qui correspond le mieux à cette matière, revient sans cesse cet *unciarium fœnus*, qui a soulevé les plus graves discussions parmi les légistes. Je veux rester étranger au débat pour ne pas avoir à prendre parti entre les opinions également respectables à mes yeux de Cujas, Manuæ, Pellat, etc., d'une part, et Gérard, Woodt, Dureau de Lamalle, etc., d'autre part.

Je vais donc m'occuper, avec le livre XII, du *mutuum*, c'est-à-dire du prêt des choses qui se pèsent, se comptent, se mesurent, et, comme le prêt à intérêt n'est qu'un *mutuum* dans lequel l'emprunteur s'engage à rendre quelque chose de plus que ce qu'il a reçu, je dirai quelques mots, en passant, du prêt à intérêt chez les Romains, pour arriver, par cette matière incidente, au prêt à intérêt en droit français, que j'exposerai avec quelques développements.

DU MUTUUM.

Le *mutuum* est un contrat dans lequel une personne transfère à une autre la propriété de certaines choses *quæ numero, mensura aut pondere constant,* à condition que celle-ci lui rendra, plus tard, une quantité égale de choses de même nature et de même qualité.

C'est un des quatre contrats réels, une de ces quatre conventions reconnues par le droit civil, dans lesquelles le concours de deux volontés ne suffit pas pour faire naître une obligation, et pour la perfection légale de laquelle il faut qu'il y ait eu tradition de la chose qui fait l'objet de la convention.

Dans le *mutuum,* en effet, l'obligation de l'emprunteur est de rendre : or, pour rendre, il faut bien qu'il ait reçu. Donc la tradition de l'objet emprunté doit être faite, pour que l'obligation de l'emprunteur existe, pour que le *mutuum* soit parfait ; donc aussi il n'y aurait pas *mutuum,* si la tradition d'un objet était faite *animo donandi,* puisqu'alors l'*accipiens* ne contracte pas l'obligation de rendre (lib. *De reb. cred.*).

Le *mutuum* est un contrat unilatéral, car *l'accipiens* seul est obligé, le prêteur ne l'est pas.

C'est un contrat de bienfaisance, puisque le prêteur rend un service sans retirer aucun profit du prêt auquel il consent, et les jurisconsultes romains avaient poussé si loin ce principe qu'ils en avaient conclu, nous dit Pothier, qu'un prêt n'était pas un véritable contrat de prêt lorsque le prêteur ne le faisait pas *proprio motu*, spontanément, mais en exécution d'une obligation précédemment contractée, parce qu'alors le prêt n'était pas un acte de bienfaisance, mais seulement l'acquittement d'une dette : *creditum non esse quia exsolvendi causa magis daretur quam alterius obligandi.* Cette distinction est sans doute un peu subtile; aussi Julien, en la rapportant au liv. 18 de ses *Digestes*, ajoute : *Sed non intelligenda sunt propter subtilitatem verborum* (L. 20, *De reb. cred.*).

Le *mutuum* ne peut ordinairement avoir pour objet que des choses qui s'apprécient au nombre, au poids ou à la mesure, *quæ pondere, numero mensurave constant*, car l'emprunteur doit rendre non pas la même chose, mais une même quantité : or, une quantité n'est certaine, n'est déterminée que par numération, pesage et mesurage, *ut nobis non eædem res sed aliæ reddantur quæ numero, pondere mensurave constant* (Inst., liv. 3, tit. 14, princip.).

Le *mutuum* doit porter sur un objet certain, c'est-à-dire désigné clairement par son nom ou par une dénomination qui puisse en tenir lieu, *nomine suo aut ea demonstratione quæ nominis vice fungitur* (L. 6, Paul, l. 28, *ad edict.*), et l'*accipiens* devra rendre non-seulement des objets de même genre, mais dans le même genre des objets de même qualité et en même quantité (L. 2, l. 3, *De reb. cred.*). Aussi, la loi 6, *De rebus creditis*, n'est-elle pas parfaitement exacte quand elle dit que l'objet est certain dès que les parties ont désigné la *species vel quantitas;* car l'objet d'un *mutuum* ne peut être une chose *in specie*, c'est-à-dire une de ces choses qui s'apprécient individuellement, comme un esclave par exemple. L'emprunteur, en effet, ne pourrait pas les consommer, et la convention, au lieu d'être un contrat de *mutuum*, serait un échange.

De plus, la chose *quæ est in obligatione accipientis* doit être du même genre que la chose prêtée. L'*accipiens* ne pourrait donc pas rendre du vin pour du froment, par exemple, car le *mutuum* se transformerait encore par cet échange en contrat innomé : *mutuum d[illegible]s recepturi non eamdem speciem quam dedimus ; alioquin commodatum erit aut depositum, sed idem genus : nam si aliud genus, veluti ut pro tritico vinum recipiamus, non erit mutuum* (L. 2, *De reb. cred.*).

Enfin, l'*accipiens* doit rendre non-seulement une chose de même genre, mais dans le même genre une chose de même qualité, *non eædem, sed ejusdem naturæ et qualitatis* (Instit., liv. 3, tit. 14, princ.). Et, en effet, si les objets rendus n'avaient pas la même qualité que les objets prêtés, la quantité rendue serait nécessairement plus ou moins considérable que la quantité prêtée ; car, si, pour deux bonnes barriques d'huile que j'ai données à Primus, Primus me rend deux barriques d'une moindre qualité, il ne remplacera pas celles que je lui ai livrées ; si, au contraire, Primus me rend de l'huile supérieure en qualité à celle qu'il a reçue, deux barriques feront plus que remplacer celles qu'il a reçues de moi.

Le *mutuum* était un contrat de droit strict, c'est-à-dire que le juge appelé à examiner le différend né entre deux parties à l'occasion d'un *mutuum* avait une mission explicitement déterminée par la formule, et dont il ne pouvait pas s'écarter. Mais j'examinerai ce caractère important lorsque je parlerai de la mise en action de la *condictio certi* donnée au prêteur contre l'emprunteur.

Enfin, le *mutuum* est un contrat essentiellement translatif de propriété, c'est-à-dire que la chose qui en fait l'objet doit être transférée à l'emprunteur en pleine propriété « *in hoc damus ut accipientium fiant* (Inst., l. 3, tit. 14, princ.). » C'est en énonçant ce caractère fondamental que Justinien donne du mot *mutuum* l'étymologie suivante, empruntée au livre 28, de Paul *Ad edictum* : « *unde etiam mutuum appellatum est, quia ita a me tibi datur ut ex meo tuum fiat,* » étymologie problématique comme la plupart des étymologies, et qui a été combattue par d'autres non moins incertaines; car Varron, *De lingua latina*, liv. 4, fait venir le mot *mutuum* du grec μοιτον, et Cujas prétend à son tour trouver la formation de *mutuum* dans le mot *mutatio*.

Quoi qu'il en soit, il est de l'essence du *mutuum* d'être translatif de propriété, et de là il résulte :

1° Que les parties contractantes doivent, pour faire un *mutuum*, employer les modes usités en droit romain pour transférer la propriété, telles que la *mancipatio* et l'*in jure cessio* pour les choses *mancipi*, la *traditio* pour les choses *nec mancipi*, et dans le dernier état du droit romain pour toutes les choses corporelles;

2° Que le prêteur doit être propriétaire de l'objet donné en *mutuum;*

3° Que ce propriétaire doit être capable;

4° Et que les deux parties aient la volonté de faire un *mutuum*.

Reprenons chacun de ces caractères :

1° D'abord, il faut qu'il y ait eu tradition de la chose donnée en *mutuum*, et j'ai dit pourquoi dans les pages précédentes cette tradition sera faite avec certaines formalités particulières quand elles sont nécessaires à la *translatio* de propriété, car on sait en effet qu'en droit romain *traditionibus et usucapionibus dominia rerum et non nudis pactis transferuntur* (L. 20, Code, *De pactis*, tit. III).

Cependant, il pourrait arriver que la propriété fût transférée sans aucun acte antérieur de tradition, comme lorsque l'emprunteur est déjà détenteur de l'objet qu'il demande en *mutuum;* dans ce cas, en effet, la seule volonté suffit pour transférer la propriété (Inst., *De divisione rerum*, § 2). La tradition, en effet, n'est qu'un moyen de mettre en possession; et c'est la possession, accompagnée de certaines circonstances, qui fait acquérir la propriété. Mais la possession elle-même se compose de deux éléments : la *detentio* de la chose, et l'*animus domini*, l'intention de l'avoir pour soi ; donc, quand l'emprunteur a déja la *detentio* de l'objet qu'il veut emprunter, il ne lui manque plus que l'*animus domini* pour avoir la possession, et par la possession la propriété ; or la convention qui intervient entre lui et le prêteur lui donne cet *animus domini*, le seul élément qui manquât à sa possession pour qu'elle fût translative de propriété, en supposant d'ailleurs le prêteur propriétaire de l'objet qu'il livre et les parties capables de contracter et agissant avec une commune intention (L. 9, § 9, *De reb. cred.*). C'est ce qu'explique clairement Ulpien dans cette loi 9, où il suppose qu'un dépôt de dix pièces d'or a été fait par Primus chez Secundus, et que plus tard, Primus permet à Secundus de garder ces dix pièces d'or à titre de *mutuum*.

A la suite de cette espèce, il fait une remarque assez subtile, mais qui n'est pas sans importance et mérite dès lors d'être remarquée : si, dit-il, le déposant permettait au dépositaire dans le moment même où il lui remet la chose en dépôt, de s'en servir à titre de *mutuum* quand il voudra, *si voles*, il n'y aurait *mutuum* que quand l'objet déposé aurait été déplacé par le dépositaire.

« *Quod si ab initio, cum deponerem, uti tibi, si voles, permisero creditam non esse, antequam mota sit,* » et la raison en est que jusque-là, « *debitum iri non est certum.* » Jusqu'à ce que le dépositaire, en effet, ait mis la main sur l'objet déposé chez lui, rien ne dit qu'il veuille s'en servir à titre de *mutuum;* il faut donc, pour qu'il y ait *mutuum,* que l'emprunteur ait manifesté par un acte extérieur, par la mainmise, la volonté de devenir, au lieu de dépositaire, emprunteur. Ainsi, au moment où se fait le dépôt, il y a, pour ainsi dire, transmission conditionnelle de propriété, et cette condition, c'est l'acte que doit faire le dépositaire pour manifester son intention de transformer le dépôt en *mutuum,* en se servant de la chose déposée comme si elle était sienne (L. 10, *De reb. cred.*); d'où peut donc venir le doute du jurisconsulte sur la nature du contrat qui s'est produit dans cette opération de dépôt revêtu d'une physionomie de prêt conditionnel, de prêt à volonté? le voici : il est de l'essence du prêt que *dominium rei transferatur in accipientem.* Or, l'argent que le déposant a livré au dépositaire pour le recevoir ensuite de ce même dépositaire, quand le temps du dépôt sera terminé, cet argent n'a pas cessé d'appartenir au déposant; la propriété n'en a pas été transférée un seul instant au dépositaire, car les choses livrées pour être remises après un certain temps ne sont pas aliénées : « *non alienantur nummi qui sic dantur ut recipiantur* (L. 55, *De solut.*). » Il n'y a donc pas eu de *mutuum* proprement dit selon la rigueur des principes : « *Creditum non esse dixi, quia exsolvendi causa magis daretur quam alterius obligandi* (Julianus, l. 20, *De reb. cred.*). » Et si on donnait à cette opération le nom de *mutuum*, on se servirait d'une expression impropre, *non propriis verbis nos uti*. Mais alors l'opération est-elle une donation? ce nom ne peut lui convenir; car, dans une donation, l'objet donné est remis au donataire avec l'intention qu'il devienne et reste sa propriété; il n'y a donc pas eu donation : « *Donationem non esse, quia non ea mente pecunia donatur ut omnimodo penes accipientem remaneret* (L. 20, *De reb. cred.*). » Cependant la jurisprudence, qui souvent est obligée, pour se plier aux nécessités multiples de la pratique, de se relâcher de la rigueur des principes, et d'abandonner l'exactitude doctrinale, admet qu'il y avait là *mutuum* et donation tout à la fois : « *benignius tamen utrumque valere* (L. 20, *De reb. cred.*), » parce que la chose avait été donnée et utilisée de bonne foi, et que la loi 55, *De solutionibus*, ne doit être sévèrement appliquée qu'autant que l'aliénation ne procure aucune utilité pour l'*accipiens*.

2° Il faut que le prêteur soit propriétaire de la chose qu'il donne en *mutuum*. Comment pourrait-il en effet transférer la propriété s'il ne l'a pas lui-même? « *Nemo plus juris ad alium transferre potest quam ipse habet* (L. 54, D., *De reg. juris*). »

Ainsi un voleur qui prête à quelqu'un les objets qu'il a volés ne fait pas un *mutuum*, puisque lui-même il n'a pas la propriété de ces objets. S'ils n'ont pas été confondus dans le patrimoine de celui qui les a reçus; s'ils existent encore distincts et séparés, *extantes*, le propriétaire volé pourra les revendiquer. Mais s'ils ont été consommés de bonne foi par l'*accipiens*, ou s'ils sont tellement mêlés avec ses propres biens qu'il soit impossible de les en dégager, il y aura lieu contre lui à la *condictio ex consumptione*. Mais c'est le voleur lui-même, et non le propriétaire, qui devra l'exercer.

Ainsi encore, un esclave fugitif ne peut pas faire un *mutuum* avec des objets qui font partie du pécule dont il a l'administration; car, par le fait de sa fuite, cette administration cesse; les objets dont il disposerait seraient des objets volés, et le maître pourrait les revendiquer s'ils existaient encore entre les mains de celui qui les aurait reçus, ou intenter l'*actio ad exhibendum* contre lui, s'il avait par dol cessé de les posséder, ou bien enfin recourir à la *condictio* s'il les avait consommés de bonne foi (loi 48, *de peculio*.) De même, le fils de famille qui prête l'argent de la pension qui lui est faite par sa famille pour suivre les écoles de Rome ne fait pas un *mutuum*, parce que cet argent appartient à son père et non à lui. Il n'aurait donc pas d'action contre l'emprunteur pour le forcer au remboursement si, dans cette circonstance exceptionnelle, le préteur ne venait à son secours en lui accordant une action qui sera déduite dans une instance extraordinaire.

En principe, il faut que le prêteur soit propriétaire. Cependant est-il bien vrai qu'un fils de famille ou un esclave ne produit pas un *mutuum* en prêtant des deniers de son pécule? Mais le procureur qui gère mes affaires en province ne produirait-il pas un *mutuum* s'il prêtait sur mon ordre une partie des fonds provenant de sa gestion? Mais le débiteur qui, venant m'apporter la somme qu'il me doit, me demande à l'emprunter, ne contractera-t-il pas un *mutuum*, si, avant de l'avoir reçue de lui et palpée, je l'autorise à la garder à titre de prêt? Non ; en principe, il n'y aurait pas *mutuum*, parce que dans ces espèces et dans mille autres semblables qu'il est facile d'imaginer, le prêteur n'est pas propriétaire de l'objet prêté. Mais on sent que toutes relations juridiques eussent été complètement impossibles, si la jurisprudence n'avait pu amener la doctrine à plier la rigueur des principes aux mille circonstances des relations sociales. Aussi imagina-t-elle une fiction qui lui permit de voir un *mutuum* et d'en appliquer les règles dans les opérations que je viens de parcourir plus haut; elle supposa que le fils de famille ou l'esclave avait remis dans les mains du chef de famille, le procureur dans celles de son patron, la somme provenant du pécule ou de la gestion des affaires, puis que le chef de famille ou le procureur remettait ensuite cette même somme aux mains de l'esclave ou du procureur avec ordre de le donner en *mutuum* à l'emprunteur. Cette fiction s'appelait tradition de brève-main (l. 13, § 8, *De reb. credit.*). L'esclave ou le procureur n'était plus ainsi que l'instrument du maître ou du procureur, et l'*accipiens* était considéré comme devenu propriétaire de la somme par la tradition matérielle qui lui en était faite : « *In mutui datione oportet dominum esse dantem : nec obest quod filius familias et servus dantes peculiares nummos obligant : id enim tale est, quale, si voluntate mea, tu des pecuniam* (L. 2, § 4, *De reb. cred.*); et Paul ajoute aussitôt : « *mihi acquiritur actio, licet mei nummi non fuerint.* » Ainsi lorsque le fils de famille ou l'esclave prête des deniers de son pécule, il y a *mutuum*, et l'action qui en naît est acquise au père de famille ou au maître; c'est le maître ou le père de famille qui est censé avoir donné lui-même l'argent, puisque le fils de famille ou l'esclave ne sont que ses instruments d'action, des mains agissantes. De même, quand mon procureur prête de l'argent *ex voluntate mea*, la créance m'est acquise, quoique ce ne soit pas réellement mon propre argent que l'emprunteur reçoive (L. 9, § 8, *De reb. cred.*, loi 126, *De verb. obligat.*, § 2). Il eût été, en effet, souverainement inique de me laisser moi-même désarmé et sans action aucune contre l'*accipiens*, pendant que mon procureur, s'autorisant de l'ordre qu'il aurait eu de moi, pourrait agir utilement contre moi par l'*actio contraria mandati* (L. 34, *Mandati*).

Mais cette fiction, tout utile qu'elle fût, apportait deux dérogations au droit commun ; car, en règle générale, si le *mutuum* n'existe qu'autant que le prêteur donne une chose qui est sienne, *ex mea tua fit;* et 2° personne à Rome ne peut acquérir d'obligation par une personne libre, puisque dans les conventions les Romains considéraient comme agissant pour son propre compte et personnellement obligé celui qui se mettait en avant, qui était partie active dans une opération. Aussi trouve-t-on souvent les jurisconsultes d'époques différentes en désaccord complet sur la manière d'envisager et de résoudre ces sortes de questions; soit par exemple une espèce connue dans laquelle Africain soutenait, contrairement à l'avis d'Ulpien, que la tradition de brève-main ne pouvait pas produire le *mutuum*. Dans un fragment tiré du livre VIII de ses Questions, Africain suppose qu'un mandataire a fait rentrer des deniers pour le compte de son mandant, et qu'au lieu de les compter à ce dernier, il le prie de les laisser entre ses mains à titre de prêt, à condition, bien entendu, qu'il payera les intérêts. Le mandant a consenti. Y a-t-il dans cet arrangement un *mutuum?* Y a-t-il continuation du mandat? Voilà la question, et cette question n'est pas une simple dispute de mots; car s'il y a un *mutuum*, les intérêts proposés ne pourront pas courir, puisque les intérêts doivent être convenus par une stipulation dans le *mutuum*, qui est un contrat *stricti juris* (L. 24, D., 19, § 5), et que dans le mandat, au contraire, qui est un contrat *bonæ fidei*, la convention peut résulter d'un simple pacte. Ulpien disait : « C'est un *mutuum;* il y a là une tradition fictive qui peut tenir lieu d'une tradition réelle; » car on peut bien supposer que le mandataire a compté l'argent à son mandant, et que celui-ci le lui a remis de nouveau à titre de prêt (loi 13, *De reb. credit.*).

Mais Africain, jurisconsulte d'une époque antérieure, pensait qu'il fallait s'en tenir à la rigueur des principes; qu'en admettant un *mutuum* dans cette espèce, on reconnaîtrait que le *mutuum* peut résulter de tout contrat et même d'un pacte nu; que la question proposée ne ressemblait pas au cas où un déposant aurait permis au dépositaire de s'approprier l'objet du dépôt, attendu que le mandataire est déjà propriétaire de deniers provenant de sa gestion et ne peut le devenir davantage, tandis que le dépositaire peut bien devenir propriétaire d'une chose dont il n'était jusque-là que simple détenteur (l. 34, *Mandati*). Africain ajoutait, pour compléter sa pensée, qu'il ne fallait pas étendre à la question proposée la faveur établie par la jurisprudence pour le cas où un prêteur 1[us] créancier d'une somme contre un débiteur 2[us] donne ordre à ce débiteur de compter la somme qu'il lui doit à un tiers emprunteur, puisque cette faveur est tout exceptionnelle, et il concluait enfin que le mandant, en consentant à la demande du mandataire, continuait son mandat; qu'il n'y avait pas *mutuum;* qu'en conséquence, il y avait lieu au payement des intérêts en vertu du simple pacte (l. 34, *Mandati*,) et que le mandant pourrait les obtenir par l'*actio* de mandat.

Ulpien prétendait au contraire que les intérêts n'étaient pas dus, puisqu'ils n'avaient pas été stipulés dans les formes voulues et que le mandant ne devait avoir que la *condictio ex mutuo*.

On a bien cherché par des hypothèses plus ou moins ingénieuses à concilier ces deux décisions opposées; on a dit, mais dans l'espèce imaginée par Africain, l'argent dû *ex causa mandati* était déjà consommé. Voilà pourquoi Africain n'admet pas qu'il y ait *mutuum*, tandis qu'Ulpien suppose que l'argent n'est pas encore consommé : aussi est-il d'opinion contraire; mais on répond que la loi 34 ne suppose pas que l'argent ait été consommé comme le prouvent les mots *apud se esse;* car si l'argent était encore *apud eum*, c'est qu'il n'avait pas encore été employé. Il faut reconnaître qu'il est difficile de concilier des décisions aussi opposées, et il serait plus simple et peut-être plus vrai d'admettre que le temps apportait dans la législation de Rome, comme il apporte dans celle de tous les pays, des changements insensibles, parce que les événements de la vie en apportent nécessairement dans les appréciations des hommes.

Voici, d'ailleurs, une espèce complétement analogue, dans laquelle le dissentiment de deux jurisconsultes apparait d'une manière évidente :

Primus, à qui je demande de l'argent à emprunter, me donne, non pas la somme que je demande, mais un lingot ou un plat d'or ou d'argent. Il m'autorise à le vendre et à garder à titre de prêt l'argent qui proviendra de cette vente. Suivant Ulpien, la vente du lingot, suivie de la perception du prix, fait naitre un *mutuum;* il y a là une tradition de brève-main (Ulpien, l. 11, *De reb. cred.*), et cette opinion se trouve confirmée par une constitution des empereurs Dioclétien et Maximien. En conséquence, le propriétaire du lingot aura la *condictio certi ex mutuo.* Africain, considérant encore le vendeur du lingot comme un mandataire, et partant comme un propriétaire du prix de la vente, qui ne peut pas emprunter ce qui lui appartient déjà, décide que cette opération ne constitue pas un *mutuum* « *nihilomagis pecuniam creditam esse petendam* (l. 34, *Mandati*). »

Mais comme Ulpien est encore hésitant, parce que son opinion n'a pas été consacrée par l'usage de la jurisprudence, il adopte l'opinion de Labéon, dans le fragment 19, *De præscriptis verbis,* où il rapporte la même espèce, et il professe qu'il sera plus prudent d'agir par l'*actio præscriptis verbis.*

Ici encore, ce n'est pas une vaine dispute de mots, et l'intérêt est différent, suivant le caractère que l'on reconnait à cette opération.

En effet, si l'argent provenant de la vente vient à être perdu, pour qui seront les risques? Ils seront pour le mandataire, dit Africain ; car le mandat de vendre a été donné dans l'intérêt du mandataire seulement; mais si le mandat avait été donné dans l'intérêt du mandant, les risques passeraient au mandant lui-même, puisqu'il n'y avait plus de raison de les faire peser sur le mandataire. Au contraire, suivant Ulpien, le prix du lingot sera toujours aux risques du mandataire, puisque cet argent lui appartient à titre de prêt, et que, dans le *mutuum*, l'emprunteur devient propriétaire de l'objet emprunté.

Il me parait difficile de concilier les lois 11 et 15, *De rebus creditis*, avec la loi 34, *De mandati*.

Du temps d'Africain, la jurisprudence s'en tenait à la rigueur du principe ; mais, à Rome, les préteurs qui rendaient la justice participaient en même temps au pouvoir législatif par des promulgations d'édits. Le droit romain modifiait doucement, graduellement, le droit civil, et facilitait les applications des lois : or, à l'époque d'Ulpien, la rigueur des principes commençait à fléchir, et bientôt la jurisprudence fit passer les principes de l'équité avant ceux du droit rigoureux.

C'est là ce qui explique comment un esclave ou un fils de famille peut faire un *mutuum*, quoiqu'il ne soit pas propriétaire de l'objet prêté, et acquérir l'action qui en résulte au père de famille ou au maître ; comment, sur l'ordre qu'un créancier donne à son débiteur de prêter à un tiers l'argent qu'il lui doit, sur l'autorisation que donne un mandant à son mandataire de garder, à titre de prêt, l'argent qu'il a perçu dans l'exercice de son mandat, sur le consentement qu'une personne donne à une autre de faire, avec l'argent qui lui est propre, un *mutuum* à son profit; comment, dis-je, l'action du *mutuum* irrégulier qui s'est accompli dans ces diverses circonstances, peut naître au profit du créancier, du mandant et de cette personne? C'est qu'en effet les préteurs avaient inventé une action institoire pour les cas où un esclave préposé à une boutique, à un commerce quelconque, avait contracté un engagement qui rentrait dans la classe de ceux qu'il était en son pouvoir de faire à raison de son administration, et cette action était accordée, alors même que le préposé était un homme libre ou l'esclave d'autrui, parce que dans ces cas il y avait le même motif d'équité.

A l'exemple de ces actions institoires, on accorda aux tiers qui avaient traité avec le mandataire les actions utiles qui résultaient des opérations que celui-ci avait faites avec ceux-là. On alla même plus loin : par esprit de réciprocité, on admit que le mandant aurait lui-même contre les tiers les actions nées de ces mêmes opérations sous la qualification d'actions utiles. Les tiers se trouvaient ainsi placés entre deux actions : l'action directe appartenant au mandataire et l'action utile appartenant au mandant. La préférence était laissée à cette dernière, et le mandataire était repoussé par une exception quand il intentait son action contre l'intention du mandant.

Enfin il avait même été admis qu'une personne pouvait posséder par un tiers comme par son mandataire, son fils ou son esclave, et par la possession arriver à la propriété. Le fait matériel de la détention, qui existait au profit de ceux-ci, n'était pas un obstacle qui pût empêcher celui qu'ils représentaient d'avoir par leur intermédiaire la possession légale de la chose qui leur avait été remise par lui ; ils étaient considérés comme ses instruments (liv. 41, tit. 2, l. 9) ; en conséquence, le mandant pouvait acquérir et aliéner par le fait de ses représentans (liv. 27, tit. 1, l. 5, § 3 et 4), et dès lors faire valablement des *mutuum*.

Mais si Primus donnait à titre de prêt une somme de cent écus qui lui serait commune avec Secundus, Primus pourrait-il intenter la *condictio* pour cinquante ? Il semble au premier abord que la réponse doive être sans hésitation affirmative ; car l'aliénation faite par Primus est valable pour la portion qui lui reviendrait, si cette somme était partagée entre eux. Mais le doute viendra bientôt si l'on songe que chacun de ces cent écus donnés en *mutuum* appartient individuellement pour moitié chacun à Primus et à Secundus ; que c'est une propriété indivise et que ce serait aliéner une partie des droits de l'un en donnant à l'autre une action distincte et séparée pour cinquante. Ces déductions sont rigoureusement conformes aux principes, dit Ulpien, et cependant Papinien a écrit dans son livre VIII *des Questions* que l'un des associés pourrait intenter la *condictio* pour cinquante : il est vrai qu'il ajoute *benignius intelligendum est*.

Cette espèce sur l'indivision me conduit naturellement à une autre plus compliquée, étudiée par Africain.

Il suppose qu'un citoyen romain avait envoyé son esclave dans une province pour y faire la banque. Ce citoyen, content de la gestion de son esclave, lui avait, dans son testament, qui fut ouvert à Rome, légué la liberté, et en même temps il l'avait institué héritier pour partie. L'esclave, ignorant la mort de son maître et la faveur dont il avait été l'objet, continue les affaires, reçoit de l'argent pour le compte du défunt, en prête aussi, et même il lui est arrivé de faire accompagner un contrat de prêt d'une stipulation et d'exiger des gages. *Quid juris?* D'abord les débiteurs qui avaient payé de bonne foi entre les mains de l'esclave gérant étaient libérés, mais les cohéritiers de l'esclave demeuré héritier pour partie n'auront pas contre lui l'action *familiæ erciscundæ*. Cette action, en effet, est exclusivement applicable à la division des hérédités entre cohéritiers civils ou prétoriens, et il n'y avait pas lieu de l'appliquer dans l'espèce. Ils n'auront pas non plus l'*actio communi dividundo* employée entre copropriétaires; ils n'auront droit qu'à l'*actio negotiorum gestorum*, et cette décision d'Africain est parfaitement conforme à l'opinion des autres jurisconsultes. Une loi cependant, une seule, qui émane de Julien, semble contrarier cette doctrine, mais la contradiction n'est qu'apparente. Julien suppose aussi qu'un esclave a reçu de son maître la liberté par testament et de plus a été institué héritier, et il décide que ses cohéritiers auront contre lui l'*actio familiæ erciscundæ*, pour le forcer à rendre compte de l'administration des biens qui lui avaient été confiés par son maître.

La décision de Julien paraît donc directement contraire à celle d'Africain, mais ce n'est qu'une apparence. En effet, dans l'espèce examinée par Julien, il s'agit d'actes qui ont été faits par l'esclave avant que son maître fût mort. Or, tout ce que cet esclave a acquis pendant la vie de son maître dans la gestion des affaires auxquelles il avait été préposé, était venu se confondre dans le patrimoine du défunt pour ne plus former qu'un avec lui. Si, à la mort de son maître, il est encore en possession de quelques sommes qu'il a reçues à la suite d'opérations commencées de son vivant, une portion lui appartient dans ces sommes en qualité d'héritier. On emploiera donc l'action spéciale des Douze Tables; l'*actio familiæ erciscundæ* peut faire cesser l'indivision.

Mais on conçoit que dans l'espèce d'Africain cette *actio familiæ erciscundæ* ne soit pas donnée contre l'esclave gérant; car, quand il a perçu les sommes qui étaient dues à son maître, celui-ci n'était plus; il ne pouvait donc plus représenter sa personne ni acquérir pour lui; mais les débiteurs du maître étaient libérés par le payement qu'ils avaient fait de bonne foi entre ses mains. Les créances qui auraient dû revenir aux héritiers étaient donc éteintes. Dès lors, il était naturel de considérer l'esclave devenu héritier, comme ayant accompli, en recevant le montant de ces créances, un véritable acte de gestion. L'action *negotiorum gestorum* était donc bien celle qui compétait à ses cohéritiers.

Il en serait autrement si, au lieu de recevoir de l'argent en payement, cet esclave avait, après la mort de son maître, prêté de l'argent qui appartenait à son maître, et l'aliénation n'aurait pu s'opérer que sur la quantité d'argent qui devait lui revenir en sa qualité d'héritier. Car si, dit Africain, je vous avais remis des écus pour que vous les donnassiez en *mutuum* à Stichus, et que je vinsse à mourir avant que le prêt eût été accompli, vous n'auriez pas pu, après ma mort, quoique vous ignoriez encore mon décès, transférer la propriété de ces écus au futur emprunteur. Lorsqu'en effet des débiteurs se présentent à vous pour s'acquitter de leurs dettes, l'équité veut qu'ils soient libérés par la numération des espèces, quoique vous n'ayez plus aucun pouvoir pour leur donner quittance, parce qu'ils peuvent être contraints au payement; mais quand une personne se présente à vous sans y être engagée par d'autre raison que par sa propre spontanéité, vous ne pouvez pas, puisque vous n'avez plus de pouvoir pour faire naître une obligation civile en voulant transférer la propriété des écus qui vous avaient été remis. Donc, si l'esclave a fait le prêt dans les circonstances imaginées ci-dessus, la *condictio ex mutuo* ne lui sera donnée que pour la part qui lui appartient dans cet argent objet du prêt, et les gages qu'il aura exigés ne pourront être retenus par lui que dans cette même proportion.

Ainsi la doctrine de tous les jurisconsultes est unanime. Il faut, pour faire valablement un *mutuum*, que le prêteur soit propriétaire de la chose prêtée, ou au moins qu'il agisse conformément à la volonté du propriétaire de la chose remise en *mutuum*.

3° Il faut de plus que ce propriétaire soit capable, et cette capacité est encore un des éléments essentiels du contrat de *mutuum*.

Donc le pupille ne peut pas faire ce contrat sans l'autorisation du tuteur. S'il livre seul une somme d'argent, la propriété de cette somme n'a pas passé à l'emprunteur; si les biens prêtés existent encore, il pourra les revendiquer, et, s'ils n'existent plus, il intentera la *condictio ex consumptione* s'ils ont été consommés de bonne foi, et l'*actio ad exhibendum*, si l'emprunteur les a consommés de mauvaise foi, pour le faire condamner *ex jurejurando* en supposant qu'il refuse par dol d'exhiber les écus qui lui ont été remis (*Instit.*, liv. 2, tit. 8, § 2); il en serait de même si le prêt avait été fait par un fou que l'emprunteur croyait sain d'esprit : le contrat de prêt ne serait pas valable puisque la propriété n'aurait pas pu être transférée. Mais ici encore, dit Pomponius, qui attribue cette espèce et sa solution à Julien, si les écus donnés par le fou se sont confondus dans le patrimoine de l'emprunteur, le fou aura aussi la *condictio*, puisqu'il peut acquérir aussi bien que tout autre, quand même il ignorerait les causes de son acquisition (loi 12, *De rebus credit.*).

Pomponius donne encore la même décision pour le cas où une personne qui avait donné en *mutuum* l'argent d'autrui, tombe en folie quelque temps après. Si l'argent prêté a été consommé de bonne foi, le fait de cette consommation fera acquérir au fils la *condictio ex consumptione*.

De ces principes, Julien tire la conséquence suivante : Si l'emprunteur qui a reçu quelque chose du pupille, soit à titre de *mutuum*, soit à titre de payement, a donné ce qu'il a reçu de ce pupille à un autre, dans un but identique, c'est-à-dire, soit pour faire naître l'obligation résultant du *mutuum*, soit pour éteindre une créance, et que cette chose ait été consommée, il y aura production, soit d'une obligation au profit du pupille, soit extinction de la dette qu'il voulait payer, et celui qui aura traité directement avec le pupille aura acquis lui-même une obligation ou éteint sa dette. Celui qui, en effet, voulant faire un prêt, a donné l'argent qui ne lui appartenait pas, a pour obligé celui qui a reçu l'argent, quand celui qui l'a reçu l'a consommé pour son usage (L. 19, *De reb. cred.*).

On a coutume, en traitant de la capacité du prêteur, de parler du sénatus-consulte macédonien; on oublie sans doute que ce sénatus-consulte n'établit pas, à proprement parler, une incapacité, mais seulement qu'il refuse toute action au créancier, *ei qui crediderit denegatur actio.* Quand le *mutuum* a été fait à un fils de famille, et par cette expression, on entendait toutes les personnes qui étaient immédiatement ou médiatement sous la puissance paternelle (L. 9, § 2, *De Sc. Macedoniano*); quand le prêteur était chef de famille, majeur de vingt-cinq ans, les principes du sénatus-consulte ne faisaient naître aucune difficulté de droit; mais il en était autrement dans quelques hypothèses particulières que voici :

Ainsi, quand le fils de famille avait emprunté à un impubère, *quid juris?* S'il n'y avait pas eu *auctoritas tutoris*, le prêteur reprenait son argent et le *mutuum* n'avait pas lieu. Si l'*auctoritas* avait été donnée, le droit honoraire accordait cependant la *restitutio in integrum* à l'impubère créancier. Ainsi, la faveur de l'âge l'emportait sur les règles du sénatus-consulte. S'il y avait minorité des deux parties, prêteur et emprunteur, on disait : « *melior est causa consumentis nisi locupletior ex hoc inveniatur litis contestatæ tempore, is qui accepit* (L. 3, § 2, *De Sc. Maced.*). » La position la plus avantageuse est celle de l'emprunteur qui a consumé l'argent, à moins qu'il ne se trouve être plus riche au moment de la *litis contestatio*, car alors « *jure naturæ æquum est neminem cum alterius detrimento et injuria fieri locupletior*. Donc, si l'incapable emprunteur a retiré du *mutuum* un certain profit, il sera tenu jusqu'à concurrence de ce profit (liv. 70, tit. 17, loi 206). Enfin, si le prêt était fait par un père de famille, bien qu'il eût la *libera peculii administratio*, le père pouvait revendiquer les pièces de monnaie remises à l'emprunteur; car, dit Ulpien, on ne confie pas le pécule au fils pour qu'il le perde (L. 3, § 2, *De Sc. Maced.*).

Rien n'empêchait d'ailleurs le père de famille de ratifier expressément l'emprunt du fils; et l'on considérait comme une ratification tacite une constitution de gage, ou un payement fait sans que le bénéfice du sénatus-consulte fût opposé; mais la ratification ne pouvait pas émaner du fils seul, tant qu'il était *in potestate*, et le chef de famille aurait pu reprendre, *condicere quasi indebitum*, les sommes payées sans autorisation (L. 7, §§ 15-16; L. 9, §§ 1-3, L. 10, *De Sc. Maced.*).

Cependant, le refus d'action établi par le sénatus-consulte recevait quelques exceptions imposées par l'équité: l'emprunt était valable 1° quand il y avait eu consentement du chef de famille, car on ne supposait plus au contrat un caractère usuraire; 2° quand l'argent prêté avait été employé dans l'intérêt du père, l'*actio* prenait le caractère *de in rem verso*, jusqu'à concurrence de l'avantage que le père en avait retiré; 3° la jurisprudence avait admis que le fils absent du domicile paternel « *studiorum vel legationis causa*, pourrait, en cas de nécessité, emprunter valablement de l'argent, mais dans des limites raisonnables, *cam quantitatem quam pater solebat subministrare*; 4° si le prêteur avait eu de justes raisons pour croire qu'il traitait avec un chef de famille, *quia publice paterfamilias plerisque videbatur*, le sénatus-consulte n'était plus applicable (L. 12, 7, §§ 12, 13; L. 3, 19, *De Sc. Macedonian.*).

Outre cette incapacité légale il y avait encore une incapacité relative, dont quelques fonctionnaires étaient frappés. Ainsi, quoiqu'en principe le *mutuum* pût intervenir entre toutes personnes capables de s'obliger, les constitutions des empereurs l'avaient défendu aux gouverneurs des provinces et aux magistrats qui les entouraient, excepté aux officiers dont les charges étaient perpétuelles (L. 33 et 34, *De reb. cred.*), afin qu'ils ne pussent pas compromettre leur dignité par des spéculations; mais cette incapacité n'était évidemment que relative; partout ailleurs que dans leurs gouvernements, ces fonctionnaires étaient capables de faire toute espèce de contrat et par conséquent d'emprunter.

Cette prohibition n'atteignait les fonctionnaires que quand ils agissaient pour leur propre compte; car les villes pouvant prêter et emprunter, elles ne pouvaient le faire que par l'intermédiaire de leurs administrateurs (L. 11, *De usuris;* L. 25, *De reb. cred.*); mais ceux-ci devaient être fort prudents dans les opérations qu'ils avaient à faire, car les Romains avaient eu quelque peine à concevoir la personnalité des villes; et, dans le cas d'un emprunt, si cet emprunt n'avait pas tourné au profit de la cité qu'ils dirigeaient, les administrateurs seuls étaient obligés.

Ainsi, prêteur et emprunteur devaient être capables.

4° Il fallait, de plus, qu'il eût été dans l'intention des parties de faire un *mutuum;* car, dit Pomponius, dans tous les contrats, qu'ils soient de bonne foi ou qu'ils ne le soient pas, il faut qu'un contrat ne soit entaché d'aucune erreur portant sur sa nature, pour qu'il soit valable, pour qu'il produise ses effets.

Cette décision paraît incontestable, et cependant, si je vous livre une somme d'argent, avec l'intention de vous en faire don, *pro donato*, et que vous, vous l'acceptiez à titre de *mutuum*, serez-vous propriétaire malgré ce dissentiment? Julien, s'attachant à l'intention commune des parties sur la translation de propriété, sans se préoccuper de la cause de cette translation, déclare sans hésiter, qu'il y a translation de propriété (L. 36, *De acquirend. rer. domin.*). Ulpien, considérant que la propriété n'a pu vous être transférée efficacement du moment que nous n'étions pas d'accord sur le titre en vertu duquel elle vous serait transférée, déclare qu'il n'y a pas translation de propriété (L. 18, *De reb. cred.*). D'abord l'opération qui s'est accomplie entre vous et moi ne constitue pas une donation; les deux jurisconsultes sont d'accord sur ce point; mais en résulte-t-il un *mutuum?* Oui, suivant Julien, puisqu'il admet qu'il y a eu translation de propriété, et que, selon lui, cette translation ne constitue pas une donation; le prêteur aura donc contre l'emprunteur la *condictio certi*. Non, dit Ulpien, il n'y a ni donation, ni *mutuum;* la propriété n'a pas été transférée. Le *tradens* aura donc la revendication tant que l'argent existe, et, après la consommation de bonne foi, la *condictio*. Mais à cette *condictio l'accipiens* pourra opposer une exception de dol, fondée sur ce que le *tradens* avait l'intention de faire une donation. Vinnius a essayé (*Select. quæst.* n° 35) de concilier les décisions opposées contenues dans ces deux fragments; mais Cujas les regarde comme complétement inconciliables, et peut-être a-t-il raison. L'expression *puto*, employée par Ulpien, semble en effet annoncer une certaine indécision dans son jugement, et indiquer que c'est une innovation d'Ulpien, qui n'a sans doute pas prévalu dans la pratique.

Quoi qu'il en soit, cette indécision n'existerait plus si nous renversions l'opinion d'Ulpien, car il y aurait entre les deux hypothèses une grande différence. Ainsi j'ai l'intention de vous faire un prêt, tandis que vous croyez recevoir une donation, pourriez-vous m'opposer l'exception *doli?* Non. En effet, dans l'espèce précédente, celui qui a reçu à titre de *mutuum* se conforme plus tard à l'intention du *tradens*, et la donation se trouve ainsi accomplie après coup. Dans celle-ci, au contraire, celui qui a donné à titre de *mutuum* ne se rend pas plus tard à l'intention de l'*accipiens*, il ne peut donc y avoir donation; dès lors le *tradens* pourra agir sans qu'on lui oppose d'exception (L. 36, 41, 1, *De acq. rer. dom.*)

En résumé, la translation de propriété est une des conditions essentielles du *mutuum;* or cette translation ne peut être accomplie sans le concours de trois faits, savoir : la tradition, le *dominium* du prêteur sur la chose livrée et l'accord des parties, tant sur la transmission du *dominium* que sur la cause de cette transmission; en d'autres termes, il faut une *tradition*, et, de plus, une *tradition non vicieuse*.

Maintenant, le *mutuum* est susceptible de toutes les modalités de la stipulation : « *omnia quæ inseri stipulationibus possunt, eadem possunt etiam numerationi pecuniæ : et ideo et conditiones* (Pompon., l. 7, *De reb. cred.*).

Ainsi il peut être fait sous condition (L. 7, liv 26, *De reb. cred.*), que la condition soit expresse ou tacite.

Je vous donne cent si tel navire revient d'Asie : le *mutuum* sera en suspens, *in pendenti*, jusqu'à ce qu'il soit confirmé par l'arrivée de la condition ; le *mutuum* est conditionnel et la condition expresse.

Un héritier a donné en *mutuum* l'argent qui lui avait été légué ; si le légataire renonce à son legs, le *mutuum* existe alors du jour où il a été fait. Le legs était, en effet, suspendu jusqu'à ce que le legataire ait répudié le legs. L'existence du *mutuum* cessera par le fait de son acceptation, parce qu'alors l'héritier aurait prêté de l'argent qui ne lui appartenait pas. Mais après la renonciation du légataire, cet argent appartiendra à l'héritier du jour de son adition d'hérédité, ce qui constituera par conséquent un prêt valable ; le prêt était donc parfait, mais résoluble sans condition tacite (L. 8, Ulp., liv. 26, *De reb. cred.*).

Toutes les conditions qui peuvent être insérées dans la stipulation peuvent l'être également dans un *mutuum* ; mais quelles formes ces conditions doivent-elles revêtir pour qu'elles soient susceptibles de produire quelque effet ? Il faudra distinguer :

S'agit-il d'augmenter l'étendue, la portée de l'obligation, comme de vouloir faire produire des intérêts au *mutuum*, c'est-à-dire d'exiger que l'emprunteur restitue plus qu'il n'a reçu, il faudra nécessairement joindre au *mutuum* une stipulation relative à cette intention ; car l'obligation résultant d'un contrat *qui perficitur* ne peut pas comprendre plus que ce qui a été réellement livré.

Mais toutes les fois que le prêteur voudra insérer une

clause qui n'aura pas pour but d'obliger l'emprunteur à restituer au créancier plus qu'il n'a reçu, un simple pacte suffira. Ainsi une personne, en donnant 10, pourra très-bien convenir que 9 seulement lui seront rendus. Il y aurait alors une donation de 1 qui peut être faite par un simple pacte, et il n'y aura véritablement en *mutuum* que pour 9.

Cependant on trouve au Code, l. 4, tit. 32, l. 12, un fragment de l'empereur Alexandre qui est contraire à cette doctrine, car il dit que si de l'orge ou du blé a été donné en *mutuum*, il pourra être convenu, par un simple *pacto nudo*, que l'emprunteur restituera quelque chose de plus. Comme toujours, une conciliation a été tentée.

Quand, a-t-on dit, il s'agit d'une somme d'argent, le montant de la condamnation doit nécessairement reproduire le montant de la somme portée dans l'*intentio*. Quand, au contraire, il s'agit de denrées, comme le système formulaire aboutissait toujours à une *condemnatio* pécuniaire, il en résultait que la *condemnatio* ne pouvait jamais reproduire l'objet indiqué dans l'*intentio*, lorsque cet objet était autre chose qu'une somme d'argent, et pour cela le préteur laissait au juge une certaine évaluation à faire, dans une limite déterminée. Or, ce pouvoir qu'avait le magistrat de donner au juge, pour ce cas spécial, cette latitude d'appréciation, permettait dans les contrats de prêt de toutes choses, autres que de l'argent, de convenir, par simple pacte, ou que des intérêts seraient payés, ou que l'emprunteur rendrait plus qu'il n'aurait reçu.

Cette tentative de conciliation n'est pas à l'abri de

toute critique, si l'on se rappelle la nature des contrats *stricti juris* en droit romain.

En effet, si dans toutes les actions *stricti juris* du système formulaire l'objet de l'*intentio* ne devait pas être reproduit dans la *condemnatio*, au moins cette dernière partie de la formule ne devait pas, ne pouvait pas permettre au juge de fixer à l'objet du litige une valeur plus considérable que sa valeur réelle; si, à cet égard, une certaine latitude lui était donnée, elle avait sa cause dans la nature même des fonctions du magistrat qui, ne pouvant entrer dans tous les détails du procès, faisait une appréciation rapide, approximative, et défendait au juge d'aller au delà de l'évaluation qu'il avait faite. Mais, dans l'esprit de la loi comme dans celui des jurisconsultes, la somme d'argent exprimée dans la *condemnatio* devait représenter fidèlement et exactement la valeur de l'objet compris dans l'*intentio*.

La conciliation de cette apparente contradiction me paraît appartenir à un autre ordre d'idées.

Les marchandises et les denrées sont susceptibles d'une grande variation, et si je vous livre aujourd'hui 100 hectolitres de blé sous la condition que vous m'en rendrez la même quantité dans un an, il arrivera le plus souvent qu'au moment où vous exécuterez votre obligation, vous me rendrez une valeur qui sera plus ou moins considérable que celle que je vous ai donnée. Au moment même de la passation du contrat intervenu entre nous, rien ne pouvait être prévu, soit sur l'enchérissement, soit sur la baisse que le blé pourrait subir. Cette incertitude qui règne au moment du contrat sur la valeur future de la chose qui en fait l'objet a pu faire admettre que la convention accessoire par laquelle l'emprunteur s'engageait à rendre quelques hectolitres de plus qu'il n'en a reçu n'avait pas pour effet d'augmenter l'obligation, mais seulement de rétablir l'équilibre troublé par la variation du blé et que les parties pourraient employer un simple pacte.

Par un simple pacte on pouvait aussi convenir que la restitution se ferait à telle époque et dans tel lieu qu'il plairait aux parties de désigner. Quand cette convention avait eu lieu et que le *mutuum* portait sur des denrées, il fallait pour l'évaluation de ces denrées prendre pour base leur valeur à l'époque et dans le lieu où le payement devait être fait. Mais, en l'absence de toute convention à cet égard, quelles bases devait-on prendre? Était-ce le moment de la *litis contestatio* ou celui de la *condemnatio?* Sabinus, dont Julien rapporte l'opinion dans le fragment 22, *De reb. cred.*, dit qu'il faut se reporter au moment de la demande, au moment de la *litis contestatio*. Cette décision de Sabinus n'est d'ailleurs que l'application à un cas particulier du principe que les droits du demandeur sont fixés dès le jour où l'action a été intentée et qu'il doit obtenir tout ce qu'il eût obtenu si le défendeur eût accédé à sa demande au moment de la *litis contestatio* (l. 22, *De reb. cred.*).

Cette opinion, conforme à celle de Gaïus, est opposée à celle d'Ulpien, qui prétend avec Servius qu'il faut, pour faire cette estimation, se reporter au moment de la *condemnatio*.

Africain examine aussi la même question et décide que si un fidéjusseur avait été donné pour garantie de l'obligation qu'une personne avait contractée de livrer une certaine quantité de marchandises tel jour déterminé, c'était au moment où le fidéjusseur était intervenu qu'il fallait se reporter pour l'estimation de ces marchandises.

Il me serait facile de recueillir d'autres fragments dans lesquels les oppositions d'idées seraient encore plus frappantes; mais ces développements seraient hors de mon sujet : je bornerai là ce point de vue, sans rapporter les conciliations inutiles et peu heureuses qui ont été tentées.

Cependant, il faut encore examiner si l'effet produit par des pactes accessoires insérés dans le *mutuum* est le même quand ils sont *adjecta in continenti* ou bien quand ils sont *adjecta ex intervallo*.

Les pactes *in continenti*, joints aux contrats de bonne foi, au moment où se forme le contrat, faisaient corps avec les conventions principales « *ea enim pacta insunt quæ legem contractui, id est quæ in ingressu contractus facta sunt* (loi 7, § 3, *De pactis*). » Bien plus, le pacte lui-même fait naître une action : car, on regarde comme inhérents à la convention les pactes qui contiennent la loi du contrat, c'est-à-dire qui sont faits au moment où l'engagement se forme.

Le pacte ajouté *post intervallum* est joint à un contrat qui a déjà pris naissance et dont les effets sont déjà fixés, déterminés; seulement, les parties veulent le modifier. C'est une addition faite à un contrat déjà parfait.

Dans le premier cas, le pacte *in continenti* est partie intégrante du contrat; il s'identifie avec lui et produit les mêmes effets obligatoires : il n'y a pas un contrat plus un pacte, il y a seulement un contrat modifié par un pacte, un contrat qui n'a jamais existé qu'avec cette modification (loi 13, Code, *De pactis;* loi 10, Code, *De jure dotium*).

Dans le second cas, les pactes ajoutés après coup, *adjecta post intervallum*, ne font point partie du contrat, *non insunt contractui;* donc, ils ne donnent pas lieu à une action; donc, ils ne peuvent pas ordinairement servir *ad augendam obligationem.*

Mais si le pacte adjoint *ex intervallo* a pour objet de diminuer les obligations du débiteur, on peut dire que cet effet sera produit *ipso jure;* le débiteur n'a pas besoin ordinairement de faire figurer les exceptions dans les formules de bonne foi, *quia bonæ fidei judicio exceptiones pacti insunt* (loi 3, *De rescindenda venditione*).

Telle était pour les contrats de bonne foi la règle générale, que la jurisprudence est venue modifier insensiblement d'une manière frappante en prescrivant de rechercher ce que contenait le pacte ajouté *ex intervallo* et de donner une exception ou une action suivant qu'il portait sur des *adminicula contractus*, c'est-à-dire des éléments accessoires comme le terme, les conditions ou sur la substance même du contrat, c'est-à-dire sur les éléments essentiels ou naturels, comme le prix ou la chose à livrer dans la vente.

Mais il résulte des textes du Code et du Digeste que les règles en matières de *pacta adjecta* n'étaient pas les mêmes pour les contrats de droit strict, comme le *mutuum*, sans qu'il soit cependant impossible d'établir d'une manière sûre et incontestable en quoi consistaient ces différences.

Les commentateurs adoptent ordinairement la règle que voici: les pactes adjoints *in continenti* aux contrats *stricti juris* ne peuvent pas servir à augmenter l'obligation, de sorte que l'augmentation apportée par le pacte soit sanctionnée par une action.

Si, au contraire, les pactes ont pour objet de diminuer l'obligation, on les considère comme faisant partie intégrante du contrat, et c'est la doctrine que j'ai suivie dans l'analyse des espèces que j'ai cru devoir étudier dans les pages précédentes.

Mais on est obligé de convenir avec Gérard Voodt (*Traité des pactes,* liv, XII) que la jurisprudence a singulièrement modifié cette règle absolue, et il est presqu'impossible de déterminer les limites auxquelles elle s'est arrêtée.

La question est surtout discutée par le jurisconsulte romain pour le *mutuum* et la stipulation. Ulpien imagine dans son livre 16 sur l'édit une espèce rapportée dans le fragment 11, § 1, *De reb. cred.*, dans laquelle il donne une décision contraire à celle qu'ont adoptée les commentateurs; mais à ce texte on oppose le fragment 48 *De pactis,* dans lequel Gaïus dit : *in traditionibus rerum quodcumque pactum sit, id valere manifestissimum est,* toute convention accompagnant la tradition d'une chose est évidemment valable. Il semble donc que l'on doive ratifier tous les pactes, même ceux qui servent *ad augendam obligationem.* Cujas et Vinnius cherchent à expliquer ce texte, mais leur hypothèse est loin d'être satisfaisante ; Voodt y voit simplement la traduction d'un texte de la loi des Douze Tables, qui permettait de faire des *pacta adjecta* dans la mancipation. Enfin, c'est un premier point qui est loin d'être clair et sur lequel les Romains eux-mêmes n'étaient pas d'accord.

Quoi qu'il en soit, il est probable que, la jurisprudence tendant toujours à faire dominer l'équité dans la pratique, on en était arrivé à ne plus distinguer d'une manière tranchée les contrats de droit strict des contrats de bonne foi, quand le pacte était ajouté *in continenti.* C'est d'ailleurs l'opinion de Paul au livre 3 de ses *Questions*, comme on peut s'en convaincre par la leture de la loi 40, *De reb. cred.* Ainsi, les pactes joints *in continenti* aux contrats *stricti juris,* dont le *mutuum* est le type, avaient fini par valoir *ipso jure,* même lorsqu'ils augmentaient l'obligation.

ACTION QUI NAIT DU MUTUUM.

Lorsque la tradition n'a pas eu lieu, il n'y a pas à examiner les obligations ni les droits des parties : le contrat n'existe pas, puisqu'il est de ceux qui *perficiuntur re.*

Si la tradition a été faite par une personne propriétaire de l'objet livré, capable, et avec l'intention de l'aliéner à une autre personne aussi capable et qui le reçoive avec l'intention d'en devenir propriétaire, le contrat existe et il en nait une action qu'on appelle *condictio ex mutuo.*

J'ai déjà dit, en expliquant la rubrique du livre que j'étudie, que la *condictio* n'était pas spéciale au prêt, que ce mot était une expression générale qui comprend toutes les actions personnelles par lesquelles une personne soutient qu'une autre s'est obligée à *dare, facere præstare;* qu'elle résultait de tous les contrats nommés ou innomés, des quasi-contrats, de certains délits et même de la loi, *ex lege,* depuis Justinien, comme dans les donations et les constitutions de dot élevées au rang de pactes légitimes; que la *condictio* prend le nom de *condictio certi* quand elle a pour objet une chose certaine et déterminée; que la *condictio certi* elle-même s'applique à des cas nombreux et se donne, par exemple, contre celui qui possède une chose appartenant ou due à autrui (L. 32, *De reb. cred.*), contre celui qui s'est même simplement enrichi au moyen de la chose d'autrui (L. 23, *De reb. cred.*); contre le créancier gagiste après le payement de la dette pour forcer à rendre le gage (L. 4, *De reb. cred.*); contre le fermier qui a injustement perçu les fruits depuis l'expiration du bail (L. 4, § 1, *De reb. cred.*), et enfin qu'elle s'applique par excellence au *mutuum*, puisque le demandeur soutient que l'emprunteur est obligé de lui transférer la propriété des choses de tel genre, de telle quantité, en tel poids, nombre ou mesure, et qu'elle prend alors le nom particulier de *condictio ex mutuo*. Je ne reviendrai pas sur tous ces détails et je vais examiner à qui se donne cette *condictio*, contre qui elle est donnée et ce qui peut y être compris : *videndum*, comme dit Pothier : 1° *cui detur;* 2° *adversus quem;* 3° *et quid in ea præstandum veniat.*

1° *Cui detur.*

Cette action se donne à celui qui prête en son propre nom ou au nom de qui le prêt a été fait, mais elle n'es pas donnée au propriétaire dont la chose a été prêtée, par cela seul qu'il est propriétaire (L. 7, Code, *si cert. pet.*). L'emprunteur, en effet, n'est pas lié vis-à-vis du propriétaire; ce n'est pas à lui qu'il s'est obligé à rendre.

Ainsi, j'ai prêté votre argent en votre nom; la condiction vous est acquise, c'est évident; mais je l'ai prêté en mon propre nom, c'est moi qui devrai la condiction, et vous ne pouvez agir qu'en vous faisant céder mes actions (L. 7, Code, *si cert. pet.*).

Non unde originem pecunia quæ mutuo datur, habet; sed qui contraxit, si ut propriam numeravit, in hujusmodi obligationibus requiritur.

On trouve pourtant deux cas exceptionnels dans lesquels la *condictio ex mutuo* est accordée utilement à la personne dont l'argent a été prêté autrement qu'en son nom. C'est lorsque le procurateur d'un *militis* a donné en *mutuum* l'argent appartenant à ce soldat, et exigé un fidéjusseur qui garantit la rentrée de l'argent prêté. Dans ce cas, une *condictio utilis* sera accordée au soldat propriétaire de l'argent, comme il en est donné une lorsque le tuteur d'un pupille, ou le curateur d'un mineur de vingt-cinq ans a fait, avec stipulation, un prêt d'argent des fonds du pupille ou du mineur (L. 26, *De reb. cred.*).

Cette règle « que, pour avoir la *condictio*, il faut avoir prêté en son propre nom, » souffre encore exception lorsqu'une personne, ayant prêté au nom d'autrui et promis de faire ratifier le prêt, n'a pu obtenir la ratification sur laquelle elle avait cru pouvoir compter. Dans ce cas, dit l'empereur Philippe Alexandre dans un de ses rescrits, le prêteur aura une action utile, une *condictio utilis* (L. 4, *si certum pet.*).

Dans quelle proportion cette *condictio* appartiendrait-elle à plusieurs personnes qui auraient fait un prêt en commun, *communi nomine?* Un rescrit des empereurs

Dioclétien et Maximien décide qu'elle appartiendra à chacune d'elles en proportion de ce qu'elle a fourni dans la somme commune qui a été l'objet du prêt (L. 9, Code, *si cert. pet.*).

Aussi, si un esclave commun à plusieurs maîtres a fait un prêt d'argent, chacun de ses maîtres pourra exercer la *condictio certi ex mutuo* en raison de la part qu'il a dans la propriété de l'esclave commun *pro partibus suis*. Mais, pour que cette *condictio* prenne naissance, il faut supposer que l'esclave avait la *libera administratio*, ou bien que, si elle ne lui avait pas été accordée, l'argent prêté avait été employé par l'emprunteur; car, s'il n'avait pas eu l'administration d'un pécule, le prêt eût été nul (L. 13, *De reb. cred.*).

Il arrivait souvent que le contrat de *mutuum* était accompagné d'une stipulation qui pouvait, soit suivre, soit précéder la tradition de la chose, et qui pouvait être faite *ex continenti* ou *ex intervallo*. Dans tous ces cas, il ne fallait considérer qu'un seul contrat, la stipulation, disent Pomponius et Paul, et c'est de la stipulation seule que naissait l'action (L. 6, *De novat.*; L. 126, *De verb. oblig.*).

Mais alors, qu'arriverait-il si la stipulation qui a accompagné la nomination est nulle, soit parce que la promesse a été faite à un pupille, *sine auctoritate tutoris*, soit par une personne incapable, soit parce que la validité de la stipulation a été subordonnée à une condition impossible. La *condictio* n'en pourra pas moins être intentée par le prêteur; mais elle aura sa cause dans la même *actio ex numeratione*, et non pas dans la stipulation. Et, en effet, si la stipulation qui accompagne le *mutuum* était utile, il n'y aurait qu'un seul contrat : la stipulation, comme le dit Paul au livre II de ses *Questions;* mais, si la stipulation est inutile, il faudra voir deux contrats dans l'opération : l'un inutile, résultant de la stipulation; l'autre utile, résultant de la numération des espèces, *ex numeratione;* car, *per inutile, utile non vitiatur;* la *condictio* sera donc accordée au prêteur.

Ainsi, Primus a prêté à un pupille une autorisation de son tuteur, puis a stipulé de lui sans l'autorisation de ce même tuteur : la stipulation est nulle; reste alors la *condictio ex numeratione* (L. 9, § 5, *De reb. cred.*).

Ainsi encore, un prêt est fait à une personne qui ensuite est interdite; puis le prêteur stipule d'elle la somme donnée en *mutuum;* la stipulation est nulle, sans doute; mais l'argent a été compté, le prêteur aura une *condictio* qui aura pour cause, pour base, pour raison d'être, cette numération, la *condictio ex numeratione* (L. 9, § 7, *De reb. cred.*).

Il suffit donc, pour qu'on me donne la *condictio certi*, que quelqu'un se soit enrichi *ex re mea :* le Digeste est rempli d'exemples qui confirment cette doctrine. En voici quelques-uns :

J'ai vendu, comme m'ayant été légué, l'esclave qui vous avait été légué à vous-même, et j'en ai touché le prix. Cet esclave étant mort, vous pourrez agir par la *condictio* contre moi pour en obtenir la valeur (L. 23, *De reb. cred.*).

Vous avez demandé de l'argent à Titius et à moi. J'ai donné ordre à mon débiteur de vous promettre une certaine somme. Vous stipulez de lui le croyant débiteur de Titius; serez-vous obligé envers moi? On pourrait en douter, car une personne ne peut pas se trouver obligée envers une autre par suite d'un contrat, sans qu'il y ait concours de volontés. Cependant Celsus décide que vous serez obligé envers moi, non parce qu'il y a eu *mutuum*, puisque le *mutuum* exige notre mutuel consentement, mais parce qu'il est juste que notre argent nous revienne. Le jurisconsulte suppose ici une tradition de brève-main. Je suis censé avoir reçu de mon débiteur l'argent qu'il me devait, et le lui avoir remis ensuite pour qu'il vous le donnât à titre de prêt (L. 22, *De reb. cred.*).

Ainsi encore, quand un voleur prête de l'argent volé, il n'y a pas de *mutuum*, et tant que l'argent existe, le *tradens* n'a pas d'action; mais de la consommation de l'argent, *ex consumptione*, naît pour lui la *condictio* fondée sur ce que, par la tradiction de l'argent, il a mis l'*accipiens in causa acquirendi. Non unde originem pecunia quæ mutuo datur habeat, sed qui contraxit, si ut propriam numeravit, in hujusmodi obligationibus requiritur* (L. 7, *si cert. pet.*). »

Conséquemment, lorsqu'un fils de famille a contracté un *mutuum* et remboursé l'argent qu'il avait emprunté, le père devrait avoir la revendication si cet argent existe encore, sans qu'on puisse lui opposer aucune exception, et la *condictio* s'il a été consumé. Mais il ne faut pas chercher de constance dans les doctrines législatives : il n'aura pas la *condictio*, car la *condictio ex consumptione* se donne dans les cas où la *condictio* se donnerait *ex numeratione*, si la numération avait fait passer la propriété à l'*accipiens*. Or, dans notre espèce, si l'*accipiens* était devenu propriétaire par suite de la numération, la *condictio* ne serait pas donnée contre lui : « *Sed si fuerint consumpti a creditore nummi, cessare condictionem quoniam totiens condictio datur, quotiens ex ea causa numerati sunt, ex qua actio esse potuisset, si dominium ad accipientem transisset; in proposito autem non esse* (L. 14, *De reb. cred.*). » Telle est l'opinion de Marcellus, au livre XXIX de son Commentaire *ad edictum*, mais il n'en donne pas la raison.

Je ne prolongerai pas cette énumération d'exemples. Ceux que j'ai rapportés suffisent pour démontrer que la base, la cause des *condictiones* est une obligation se rattachant à un bénéfice quelconque réalisé par le débiteur actuel aux dépens du créancier, bénéfice qu'il s'agit de restituer, qu'il soit réel comme dans le cas du *mutuum* et de l'*indebitum*, qu'il soit fictif comme dans le cas de l'*expensilatio*, de la stipulation et du legs. Donc sont exclues de l'application de la *condictio* : 1° les obligations qui ont pour objet une chose qui fait encore partie des biens du demandeur, par exemple le dépôt, le concordat et le gage ; 2° les obligations qui ont pour objet une chose qui n'a jamais fait partie des biens du demandeur, c'est-à-dire la plupart des actions de bonne foi et les actions civiles fondées sur des délits, comme la *furti actio*; car, quoique certaines circonstances semblent devoir attribuer à celle-ci le caractère d'une *condictio*, des fragments nombreux où elle est mentionnée sans que jamais le nom de *condictio* lui soit donné, et d'autres où elle est mise à côté de la *condictio furtiva* comme contrastant avec elle (L. 7, § 1, *De cond. furt.*), prouvent qu'elle n'était pas une *condictio*.

2° *Adversus quem datur.*

Cette *condictio* est donnée contre celui qui a fait l'emprunt et non contre celui au profit de qui l'argent a été emprunté par un autre, car les Romains voient toujours comme parties réelles dans les contrats ceux qui sont en jeu. Ainsi, celui qui a emprunté une somme d'argent pour les affaires d'un autre, sans que le prêteur ait eu intention d'obliger ce tiers, demeure seul passible de l'*actio* de prêt; *eum qui mutuam sumpsit pecuniam licet in res alienas principaliter obligatum, obnoxium remanere oportet* (L. 13, Code, *De reb. creditis*).

DROIT FRANÇAIS.

PRÊT A INTÉRÊT SOUS LE DROIT INTERMÉDIAIRE.

Puisque l'intérêt n'est autre chose que le prix du capital aliéné par le prêteur au profit de l'emprunteur, il semble que les parties devraient avoir la liberté de régler comme elles l'entendent la condition de l'aliénation, puisque celui qui est propriétaire d'une chose est libre de ne la céder que moyennant le prix qu'il juge convenable. Cependant la loi, qui, dans l'intérêt de l'ordre public, restreint le droit de propriété lui-même, a cru devoir intervenir pour régler les transactions relatives à l'argent. Tout en permettant le prêt à intérêt, l'assemblée constituante, dominée par la crainte de voir l'usure envahir de nouveau toutes les transactions, crut nécessaire d'imposer un maximum à l'intérêt conventionnel. Aussi le décret du 2 octobre 1789, tout en proclamant la légitimité du prêt à intérêt, ajoute que les prêts devront être faits au taux déterminé par la loi. Ce taux était alors celui du denier 20, c'est-à-dire 5 %, précédemment établi par l'édit de 1665 pour les rentes instituées, et qui, après qu'on eut essayé de le réduire, en 1720 et en 1724, au denier 50, puis au denier 30, avait été rétabli à ce taux en 1725, et était resté le taux légal jusqu'en 1789.

La convention porta ensuite plusieurs lois relatives au commerce de l'argent; mais ces lois, la plupart contradictoires, étaient des mesures arbitraires et violentes qui n'avaient pour but que de rendre forcé le cours des assignats. En effet, l'argent avait disparu avec la sécurité dès les premiers temps de la république ; un papier-monnaie fut créé pour le remplacer dans les relations commerciales; mais ce papier-monnaie, qui n'inspirait aucune confiance, tomba promptement au-dessous de sa valeur représentative. Pour arrêter le discrédit de son papier, la convention décida, par son décret du 11 avril 1793, que la vente du numéraire serait prohibée dans tout le territoire français, sous peine de six ans de fers, et que aucuns achats, vente, traités, conventions et transactions ne pourraient à l'avenir contenir d'obligation ou payement autrement qu'en assignats. Ce décret, rapporté par celui du 28 avril 1795, fut remis en vigueur par celui du 24 mai 1795, qui dit que la convention rapporte le décret déclarant marchandise l'or et l'argent monnayés, et prohibe de nouveau le commerce des monnaies métalliques; enfin, le 23 juillet 1796 intervient une dernière loi intitulée loi sur les transactions entre citoyens, et qui porte : « A dater de la publication de la présente loi, chaque citoyen sera libre de contracter, comme bon lui semblera, et les obligations qu'il aura souscrites seront exécutées dans les termes et la valeur stipulés. »

Or, le retour de l'argent ne fit pas disparaître le papier-monnaie, mais il augmenta rapidement le discrédit dans lequel il était tombé. Sa valeur représentative avait d'ailleurs été changée plusieurs fois, et celui qui prêtait n'était jamais sûr de recevoir en remboursement l'équivalent de ce qu'il avait avancé. Aussi ceux qui consentaient à prêter prêtaient à un taux nécessairement très-élevé. La force des choses amena la violation de la loi de 1789, qui avait fixé le taux de l'intérêt au denier 20, c'est-à-dire 5 p. %; mais lorsque la suppression du papier-monnaie et le rétablissement de l'ordre public ramenèrent la confiance, il s'opéra une baisse naturelle dans le taux du prêt à intérêt, et les emprunteurs invoquèrent en leur faveur la loi de 1789, qui n'avait jamais été formellement abrogée. Cependant la plupart des cours d'appel et la Cour de cassation, s'appuyant sur la loi du 23 juillet 1796, qui permettait à tout citoyen de contracter, comme bon lui semblera, et sur l'article 6 du 11 avril 1793, qui déclarait l'argent marchandise ordinaire, refusèrent de sévir contre les usuriers et reconnurent implicitement la loi de 1789, relative au taux de 5 p. %, comme abolie.

Cependant les lois de cette époque, qui s'occupent de l'argent, en parlent au point de vue de son usage dans les transactions en général, et non au point de vue spécial du prêt à intérêt. Le décret de 1793 avait interdit l'usage des monnaies; la loi de 1795 n'avait pas d'autre but que de la rétablir. Mais ces décrets n'ont rien statué sur l'art. 2 de la loi de 1795, qui défendait aux parties de stipuler dans les ventes, traités, à des prix différents, selon que le payement devait avoir lieu en numéraire ou en assignats; le décret de 1796 n'eut d'autre but que de rendre aux parties la liberté que leur avait enlevée la loi d'avril 1793.

Ainsi la législation du droit intermédiaire ne contenait aucune abrogation expresse ou tacite de la loi du 1er octobre 1789, relative au taux de 5 p. %.

PRÊT A INTÉRÊT SOUS L'EMPIRE DU DROIT CIVIL.

La légitimité du prêt à intérêt proclamé dans la loi du 1er octobre 1789 était reconnue par la plupart des législations modernes; les rédacteurs du Code n'avaient donc plus à examiner cette question, et ils déclarèrent qu'il était permis de stipuler des intérêts pour simple prêt, soit d'argent, soit de denrées, soit d'autres choses mobilières (art. 1905). Mais ils eurent à se demander si, comme le législateur de 1789, ils devaient fixer un maximum au taux conventionnel et le réduire au taux légal de 5 p. %; ou si, comme l'avait demandé Turgot dans son mémoire, ils devaient abandonner aux parties le soin de débattre leurs intérêts et leur permettre de régler elles-mêmes le taux auquel l'argent serait prêté. MM. Tronchet, Malleville considéraient comme incontestable le droit par le législateur de régler l'intérêt, et ils s'appuyaient sur l'usage de tous les peuples, sur la nécessité de donner un guide, une règle aux honnêtes gens, et un moyen facile de fixer les dommages-intérêts. Ils furent combattus par Treilhard et Regnault de Saint-Jean-d'Angély, et de la discussion résulta l'art. 1 de la loi de 1807. Mais la question fut plusieurs fois reprise dans nos assemblées législatives, notamment en 1836 par M. Lherbette, et en 1850, par M. Félix de St-Priest, sans avoir reçu de solution légale, et aujourd'hui plus que jamais la loi de 1807 est l'objet de critiques vives et animées. Les uns considèrent comme un intérêt d'ordre public la fixation du taux par la loi; les autres réclament pour le prêt à intérêt une liberté illimitée; enfin, entre ces deux extrêmes, se place un troisième système qui admet en principe la liberté du taux, pourvu qu'il ne soit pas excessif.

Les partisans du taux réglé par la loi disent que la morale publique reçoit une atteinte fâcheuse quand quelqu'un, spéculant sur l'imprévoyance ou la détresse de son voisin, profite des circonstances pour lui imposer des intérêts exagérés; que, dans un pays civilisé, la loi ne peut rester désarmée en présence d'un acte qui a toujours été flétri dans tous les temps et dans tous les pays; que, pour savoir où commence l'abus, il faut bien déterminer jusqu'où peut aller l'usage légitime, et que cette limite, une fois posée, il faut sévir contre tout ce qui la dépasse.

Ceux qui veulent le taux illimité prétendent que toute marchandise, toute valeur, est essentiellement variable de sa nature. L'intérêt de l'argent, disent-ils, se compose de deux éléments : 1° une représentation de l'usage dont le prêteur est privé; 2° une prime d'assurance pour les risques qu'il court, et l'élévation de la prime dépend de la sûreté de l'emploi, du caractère personnel de l'emprunteur, de la bonne administration du pays où il réside. Quant au loyer qu'il paye pour l'utilité et l'usage du capital, il est d'autant plus élevé que la quantité de capitaux à prêter est moindre, que la quantité des capitaux demandés à emprunt est plus forte. Le taux dépend donc de circonstances qui changent suivant le temps, les lieux et les besoins. La loi ne doit donc pas rendre stable ce qui est essentiellement variable de sa nature.

D'ailleurs, à côté des arguments théoriques se groupent des inconvénients graves révélés par la pratique. Ainsi, le taux de l'intérêt conventionnel étant fixé par la loi à 5 pour cent, deux hypothèses opposées se peuvent présenter : le cours de l'argent peut être au taux légal et même au-dessous; alors, celui qui a besoin d'argent en trouvera facilement à 5 pour cent, non pas à cause de la loi, mais par l'effet de la baisse. Si, au contraire, l'argent est rare, il n'en trouvera plus au taux légal, car les capitalistes ayant la possibilité de placer leurs fonds à 7 et 8 pour cent, refuseront de les prêter à 5 pour cent; ils refuseront de prêter au-dessus du taux légal en présence d'une loi qui les atteindrait de peines correctionnelles. Alors, celui qui a besoin d'argent s'adresse à des usuriers cachés qui bravent la loi mais font payer à l'emprunteur, outre le prix de l'argent, le danger auquel ils s'exposent; l'effet des lois restrictives du taux conventionnel est donc de ramener l'usure.

Mais supposons que chacun puisse toujours trouver facilement de l'argent; est-il juste que tout emprunteur paye le même taux? Que celui qui offre toutes les garanties désirables paye le même prix que l'emprunteur insolvable? Que le propriétaire qui emprunte pour améliorer ses terres paye autant que le spéculateur qui cherche des capitaux pour les jeter dans des projets aventureux? Assurément, les théologiens et les jurisconsultes du moyen âge étaient plus justes lorsqu'ils prenaient pour taux des intérêts compensatoires le *lucrum cessans*, le *damnum emergens*, et le *periculum sortis;* car, ce sont là les véritables éléments qui doivent servir de base au taux de l'intérêt, et ces éléments, variables au gré des circonstances, ne peuvent être fixés par une loi nouvelle.

Enfin, le taux légal est en désaccord avec les besoins de la société et consacre des anomalies choquantes : les événements politiques, l'état du commerce et de l'industrie font varier à chaque instant la valeur de l'argent, et la loi fixant un maximum pour limite devient bientôt une loi inutile ou une entrave dans les affaires, et la loi de 1807 elle-même en est une preuve, car lorsqu'elle fut promulguée, elle était en rapport avec la valeur de l'argent à cette époque. Mais depuis cinquante-quatre ans, les choses ont changé : les découvertes, l'introduction des machines dans les travaux ont changé la nature des fortunes et aujourd'hui l'industrie rend 8 et 10 pour cent du capital prêté. Le gouvernement lui-même a offert des bénéfices supérieurs à l'intérêt légal et donne 5 et demi pour cent à ses créanciers. La force des choses a donc brisé les barrières mises par la loi de 1807 à la liberté des conventions relatives à l'intérêt, comme elle avait vaincu les prohibitions de l'ancien droit.

Enfin, les partisans du 3e système, tout en reconnaissant les inconvénients d'un taux légal imposé aux conventions, pensent que la loi ne peut rester muette en présence des gains illimités et illégitimes qui pourraient se réaliser sous le masque du prêt. Et pour concilier toutes choses, ils proposent de permettre aux parties de stipuler un intérêt supérieur au taux légal, mais en donnant aux juges le pouvoir de réduire cet intérêt lorsqu'il sera excessif. Mais on a répondu que toutes les conventions seraient menacées d'une action en nullité, et que tous les débiteurs insolvables ne manqueraient pas de se prétendre victimes de l'usure, ne fût-ce que pour gagner du temps. Quoi qu'il en soit de la valeur de ces trois systèmes, le droit intermédiaire, en abandonnant la fixation de l'intérêt à la volonté des parties, avait donné lieu aux plus graves abus.

Les rédacteurs du Code sentirent bien la nécessité de les réprimer; mais les circonstances difficiles dans lesquelles on se trouvait alors ne permirent pas de prendre les mesures nécessaires. Le prêt à intérêt fut autorisé, et le taux de l'intérêt abandonné, comme dans le droit intermédiaire, à la volonté des parties (art. 1907).

On voulut cependant mettre un frein à la rapacité des usuriers, et on crut le trouver dans la nécessité imposée aux prêteurs, sur la proposition de Treilhard, de constater par écrit les intérêts qu'ils stipulaient. Les législateurs espérèrent que la crainte de la publicité et cette constatation écrite de leur cupidité empêcherait souvent les prêteurs de stipuler de gros intérêts.

L'écrit devait énoncer distinctement la somme prêtée et l'intérêt stipulé; car, s'il eût été permis de confondre l'intérêt avec le capital, il eût été bien facile d'éluder la loi.

Ainsi toute convention doit être rédigée par écrit, même quand le montant des intérêts serait inférieur à 150 fr. Mais faut-il en conclure que toute autre preuve que l'écriture est inadmissible? On l'a écrit à tort, rien, en effet, n'indique dans le texte de l'article que les législateurs aient entendu faire de l'écriture une condition essentielle de la stipulation d'intérêt; il emploie les mêmes termes que dans l'art. 2044, où il exige également la preuve littérale pour toute transaction. De plus, les art. 1356 et 1358 du Code, et l'art. 324 du Code de procédure sont rédigés en termes tellement généraux qu'ils ne peuvent cesser d'être applicables qu'en présence d'une exception formelle. Donc l'art. 1907 est simplement une exception aux règles sur la preuve testimoniale, et il ne peut empêcher le créancier d'invoquer en justice l'aveu de son débiteur, de lui déférer le serment ou de le faire interroger sur faits et articles; car l'aveu et le serment émanent du défendeur tout aussi bien que sa signature, et fournissent une preuve plus certaine que l'écriture.

En permettant aux parties de stipuler l'intérêt au taux qu'elles jugent convenable, le Code civil ajoute : « toutes les fois que la loi ne le prohibe point. » Cette loi prohibitive, qui n'existait pas alors, mais qu'on fait pressentir, fut, en effet, promulguée quatre ans après la publication du Code, le 3 septembre 1807 : elle porte qu'à l'avenir l'intérêt conventionnel ne pourra pas dépasser 5 0/0 en matière civile et 6 0/0 en matière commerciale.

L'intérêt commercial peut être plus élevé que l'intérêt civil, parce qu'un commerçant tire un meilleur parti de l'argent prêté et fait courir des risques plus grands à l'emprunteur.

Ainsi, à dater de la promulgation de l'art. 1er de cette loi de 1807, les formules que les parties devront employer pour le calcul des intérêts ne peuvent être que $x = \frac{ait}{100}$ ou $\frac{ait}{1,200}$ ou bien $\frac{ait}{36,000}$, suivant que le temps du placement est exprimé en années, mois ou jours, et dans lesquelles a représente la somme prêtée, t le temps et i l'intérêt, 5 ou 6, suivant qu'il s'agit de matières civiles ou commerciales.

Cet article 1er se termine par ces mots : « le tout sans retenue » dont voici le sens : Sous l'ancien régime, l'impôt royal s'étendait aux propriétés foncières et aux revenus mobiliers ; mais on supposait que l'argent prêté avait servi à l'acquisition ou à l'amélioration d'immeubles, et, au lieu de demander au rentier une partie de son revenu, on faisait payer tout l'impôt au débiteur de la rente ou des intérêts, en l'autorisant à retenir sur le payement desdits intérêts une quotité égale à celle qu'il avait payée à l'État ; aussi l'impôt était-il fixé au $\frac{1}{20}$ du revenu ; le débiteur de la rente ou du capital payait à l'État le $\frac{1}{20}$ de tous les revenus et retenait $\frac{1}{20}$ des arrérages. La non-retenue pouvait être stipulée, pourvu qu'elle ne fût pas un moyen d'éluder le taux légal. Le système de l'impôt ayant été changé par la Révolution, la retenue du $\frac{1}{10}$ ou du $\frac{1}{20}$ fut remplacée par une retenue de $\frac{1}{5}$, représentant de la contribution foncière. Cette retenue continue à s'exercer de plein droit dans tous les contrats jusqu'à la loi de 1807, qui décida qu'elle n'aurait plus lieu désormais qu'autant qu'elle aurait été expressément stipulée par les parties. Le maximum de l'intérêt conventionnel se trouva donc fixé à 5 ou 6 0/0 sans retenue (Duvergier, Cout. ; Toullier, t. 21, n° 262).

La loi de 1807 n'exige pas, comme l'avait exigé la loi de 1804, dans l'art. 1907, que l'intérêt soit fixé par écrit. Les motifs qui avaient rendu nécessaire la rédaction d'un écrit constatant la stipulation d'intérêt et le taux auquel le prêt se faisait, n'existaient plus et ne pouvaient plus exister sous l'empire d'une loi qui autorise le prêt à intérêt.

Le créancier, en effet, ne viendra jamais demander à prouver qu'il a prêté à un taux supérieur au taux légal ; il sait que dans tous les cas ce taux serait réduit et que lui-même s'exposerait, en agissant ainsi, à des peines correctionnelles. On reconnaît donc généralement que la disposition du Code civil a été, sur ce point, tacitement abrogée par la loi de 1807. De là il résulte que le taux de l'intérêt peut aujourd'hui être établi par témoins, dans le cas où cette preuve est admise, et dans tous les cas au moyen du serment ou par l'aveu du débiteur.

Le Code permet de stipuler un intérêt au taux fixé par les parties, soit par prêt d'argent, soit par prêt de denrées ou autres choses mobilières. On s'est demandé si, la loi de 1807 n'ayant fixé l'intérêt qu'en matière de prêt d'argent, il en résulte qu'on peut encore aujourd'hui, en matière de prêt de denrées ou autres choses mobilières, stipuler un intérêt plus élevé et de beaucoup supérieur au 5 ou au 6 0/0. Les empereurs Constantin et Justinien firent une distinction relativement au taux de l'intérêt, selon qu'il s'agissait d'un prêt de denrées ou d'un prêt de numéraire. Et, en effet, dit Godefroy, le prix des denrées est variable et incertain ; le créancier court donc une chance dont il doit être indemnisé par un taux d'intérêt plus élevé. Or, la loi de 1807 ne s'occupe que du prêt d'argent, dont il fut d'ailleurs exclusivement question au Conseil d'État. On peut donc conclure que le législateur de 1807 n'a pas entendu abroger par son silence le droit antérieur sur l'intérêt des denrées et soumettre au même maximum le prêt d'argent et le prêt de denrées, qui présentent des circonstances bien différentes. Je puis donc prêter une barrique de vin, par exemple, d'une valeur de 500 fr., à la condition que l'emprunteur me rendra, au bout d'un an, une barrique toute semblable, et, de plus, me donnera 100 fr. à titre d'intérêt.

Une question plus délicate résulte de la distinction établie par la loi de 1807 entre la matière civile et la matière commerciale. Sans doute *plus valet pecunia mercatoris quam pecunia non mercatoris,* et un négociant qui retire des fonds de son commerce pour les prêter à quelqu'un peut bien exiger un intérêt de 6 0/0; mais doit-on donner la même latitude à un particulier qui prête de l'argent à un négociant pour les besoins de son commerce? L'argent prêté court un plus grand danger qu'entre les mains d'un non-commerçant, et il procure à l'emprunteur des bénéfices plus considérables. La loi n'a pas distingué ces situations; il semble donc que dans ce cas le prêteur peut aussi stipuler l'intérêt de 6 0/0. L'intérêt, en effet, doit être proportionné aux risques que court le prêteur, et le prêt doit être considéré comme commercial toutes les fois que l'une ou l'autre des parties contractantes fait le commerce.

Mais si, en France, cette loi est d'ordre public, et si

les parties ne peuvent y déroger par des conventions particulières, un contrat fait en pays étranger, et dans lequel les parties auraient stipulé un intérêt supérieur à cinq pour cent, pourrait-il recevoir son exécution en France? D'abord, la loi de 1807 n'est pas également obligatoire sur tous les points du territoire français, et elle n'a jamais été appliquée dans les colonies. Il est vrai que deux actes législatifs, l'un de septembre 1835 et l'autre de novembre 1848, ont soumis l'Algérie au régime de la limitation de l'intérêt; mais dans cette province le taux de l'intérêt reste encore plus élevé qu'en France, et il peut atteindre jusqu'à dix pour cent, taux légal. D'ailleurs, le taux de l'intérêt, comme il a été reconnu dans la discussion, est susceptible de varier selon les circonstances. Est-il d'ordre public, en France, que le taux ne dépasse pas cinq pour cent, il peut en être autrement dans d'autres pays. Dès lors, on ne voit pas pourquoi la stipulation d'intérêts supérieurs à cinq pour cent, faite de bonne foi en pays étrangers, ne serait pas reconnue en France et sanctionnée par nos lois.

L'art. 5 de la loi de 1807, dont le but est de préciser exactement les effets que cette loi aurait dans le passé, au lieu de prévenir le doute, le fait naître. Aux termes de cet article, la loi ne régit pas les stipulations d'intérêts antérieurs à sa publication; or, veut-on parler des intérêts échus et non encore payés avant le 3 septembre 1807, ou bien la loi a-t-elle également en vue les intérêts qui ont couru depuis cette époque? Quelques auteurs, s'appuyant sur la parole de M. Jaubert, ne veulent voir dans cet article qu'une application pure et simple de l'art. 2 du titre préliminaire du Code Napoléon; ils admettent que les intérêts échus avant la promulgation de la loi de 1807 doivent être réglés par la convention des parties; mais ils veulent soumettre au taux légal ceux qui ont couru depuis le 3 septembre 1807; il faut reconnaître que l'art. 5, entendu ainsi, était bien inutile. Qui, en effet, eût eu l'idée de dispenser un débiteur de payer au taux fixé par les parties les intérêts échus avant la promulgation de la loi, ou de l'autoriser à répéter ce qu'il aurait payé au-dessus du taux nouvellement fixé? Mais le législateur a compris qu'il ne pouvait pas, sans injustice, abaisser au taux qu'il fixait en 1807 les prêts faits antérieurement, et forcer les créanciers à recevoir un intérêt inférieur à celui qu'il avait légalement stipulé et qu'il pouvait peut-être se procurer autrement : c'est pour assurer, à ce point de vue, l'exécution des conventions antérieures à la loi.

Ainsi, la loi de 1807, voulant rester étrangère aux stipulations d'intérêts faites avant le 3 septembre 1807, tous les contrats ou actes ayant date certaine avant cette époque, peuvent contenir des stipulations d'intérêts illimités, et la jurisprudence a consacré ces anciens principes (Cass., 21 juin 1825; 15 novembre 1836; Poitiers, 8 février 1825). Mais, quand il s'agit de quasi-contrats, la Cour de cassation veut que l'art. 5 cesse d'être applicable. Pour elle, la loi de 1807 saisit les individus et régit leurs contrats comme leurs quasi-contrats du jour où ils ont été formés. Or, cette loi n'ayant fait exception au principe de rétroactivité qu'en faveur des contrats, les quasi-contrats restent sous l'empire du droit commun.

La loi de 1807 n'a pas abrogé l'art. 1906 du Code Napoléon, qui porte que « l'emprunteur qui a payé des intétérêts qui n'étaient pas stipulés, ne peut ni les répéter ni les imputer sur le capital.

Cette disposition est empruntée à la loi 15, *De vend. indeb.* : « *Si non sortem quis, sed usuras indebitas solvit, repetere non poterit, si sortis debitæ solvit.* » La décision est, en effet, identique ; mais pourquoi Ulpien, dans cette loi, refuse-t-il au débiteur le droit de répéter les intérêts qu'il a indûment payés? Est-ce parce qu'il est censé avoir acquitté une obligation naturelle? Non ; mais c'est parce que la *condictio indebiti* n'est accordée à celui qui a payé que dans le cas où il a payé par erreur. Or, le débiteur est censé avoir payé sciemment lorsqu'il paye des intérêts alors que le capital est encore dû : *Sortis debitæ;* et la preuve qu'il n'existe pas ici d'allégation naturelle, c'est que le débiteur prouve clairement qu'il a payé par erreur; les intérêts, même dans l'espèce, sont imputés sur le capital (L. 102 *De solut.*). Donc, en droit romain, si le débiteur n'a pas le droit de répétition, c'est parce qu'il a sciemment payé ce qu'il ne doit pas; c'est, en d'autres termes, parce qu'il a voulu faire une donation au créancier.

L'art. 1906 doit-il être interprété dans le même sens, et faut-il dire que, si le débiteur a payé sciemment et volontairement des intérêts non stipulés, il n'est pas censé avoir acquitté une dette naturelle, mais avoir fait au créancier une donation? Je ne crois pas que, malgré l'identité parfaite qui existe entre l'art. 16 et l'art. 1906, il ne puisse donner la même décision. Les rédacteurs du Code paraissent avoir interprété la loi 26 en ce sens, qu'il y a pour le débiteur d'un capital l'obligation naturelle d'en payer l'intérêt, et qu'en conséquence le débiteur qui s'est acquitté de cette obligation a fait un véritable payement que le créancier n'aurait pas eu sans doute le droit de poursuivre en vertu d'une action, mais qu'il n'a pas le droit de répéter, à cause de l'exception qui lui serait opposée. Les rédacteurs du Code n'ayant pas rapproché la loi 26 *De conditione indebiti* de la loi 102, *De solutionibus,* ont donné à la première un sens qu'elle n'avait pas, mais qui est devenu loi.

Il est presque inutile d'ajouter que, si le débiteur a fait par erreur le payement de l'intérêt non stipulé, il aura le droit de répéter le payement indû qu'il aura fait (art. 1235 et 1377).

Et s'il a payé un intérêt supérieur au taux légal, le créancier ne pourra, en vertu de l'art. 1906, retenir cet intérêt que dans la limite du taux permis; l'excédant devra être restitué, quand même le débiteur aurait payé sciemment. L'art. 1377, en effet, qui règle le droit commun, n'est pas applicable à ce cas, qui doit être régi par la loi de 1807.

Dans l'art. 1988, le législateur suppose que le créancier a donné quittance du capital, sans réserver les intérêts, et il en conclut que ces intérêts ont été payés; il importe, en effet, au créancier de conserver la créance du capital qui est productive d'intérêt, plutôt que sa créance d'intérêts échus, qui n'en produit point, et qui, d'ailleurs, est prescriptible par le laps de temps si court de cinq ans (art. 2277). Aussi la loi lui permet d'imputer d'abord sur les intérêts échus ce qui lui est payé par le débiteur. Si donc il donne quittance du capital sans faire aucune réserve relative aux intérêts échus, on doit tout naturellement présumer qu'ils lui avaient déjà été payés.

Mais cette présomption ne peut-elle être détruite par la preuve contraire? Le créancier qui a donné quittance du capital sans réserve des intérêts peut-il être admis à prouver qu'en réalité le capital et les intérêts ne lui ont pas été payés? L'art. 1908 se termine par ces mots : « *et en opère la libération,* » le débiteur est donc libéré sans que le créancier puisse être admis à prouver le contraire. La présomption de libération est une de celles pour lesquelles la loi décide l'action en justice (art. 1362); ainsi, le débiteur qui est resté trente ans sans être poursuivi par son créancier est protégé par une présomption de libération contre laquelle le créancier n'aurait pas même la ressource de l'aveu ou du serment (art. 2262 et 2275 combinés). La présomption légale de libération ne peut être combattue par la preuve contraire qu'autant que celle-ci a été spécialement réservée par la loi elle-même, comme dans les cas prévus par les articles 1283 et 2275. D'ailleurs, l'art. 1282 contient une présomption analogue à celle de l'art. 1908, et le tribun Jaubert disait, dans son rapport au Tribunat : « Il en résulte que, l'obligation étant éteinte, l'ancien propriétaire du titre ne peut être admis à prouver que la remise volontaire du titre n'a pas opéré sa libération. » Il en est de même du payement fait sans réserve des intérêts. Mais quand les intérêts d'une somme d'argent n'ont pas été payés à l'échéance, ces intérêts peuvent-ils être convertis en un nouveau capital qui produise à son tour des intérêts? Autrement dit, l'application de la formule $A = a \left(i + \frac{1}{100}\right) n$ est-elle permise par la loi?

Cette capitalisation, cette addition en une même somme des intérêts non payés était permise à Rome pour les intérêts échus, mais sans qu'il fût possible de stipuler à l'avance l'intérêt des intérêts futurs. Justinien la prohiba entièrement. Dans notre ancien droit, la question ne pouvait pas s'élever, puisque l'intérêt simple était illicite : cependant, et même dans les cas exceptionnels où l'intérêt avait trouvé moyen de se faire admettre en se déguisant, la capitalisation des intérêts était défendue (Ordonnance de 1673, t. 6, art. 2), et cette prohibition fut maintenue dans la législation du droit intermédiaire. Le Code Napoléon, qui avait admis le prêt à intérêt sur des bases beaucoup plus larges, ne pouvait défendre d'une manière absolue la capitalisation des intérêts, mais il devait cependant en redouter l'accumulation trop rapide, et empêcher, par des mesures générales, la ruine du débiteur qui, en consentant à un anatocisme, ne se rend pas compte de l'accroissement désastreux de sa dette. En effet, si dans la formule $A = a\left(1 + \frac{i}{100}\right)^n$ des intérêts composés dans laquelle a est la somme due, i le taux de l'intérêt, c'est-à-dire 5 p. % par an dans la législation actuelle, t le temps depuis lequel la somme est due, et A cette somme augmentée par les intérêts capitalisés ; si dis-je, dans cette formule on fait $i = 5$ et $A = 2a$, on trouve par un simple calcul de logarithmes $n = 14$ ans 2 mois, c'est-à-dire qu'au bout de 14 ans et 2 mois, l'emprunteur qui aurait consenti à payer l'anatocisme, se trouverait devoir le double de ce qu'il aurait emprunté. La Cour de Montpellier a rendu, en 1829, un arrêt dans une cause où un capital de 30,000 fr. s'était élevé à la somme de 92,002 fr. par des intérêts accumulés pendant 28 ans.

Les rédacteurs du Code, pour empêcher l'emprunteur de s'endormir dans une fausse sécurité, ont dit dans l'art. 1154 que les intérêts ne peuvent être capitalisés et devenir à leur tour productifs d'intérêts qu'autant qu'ils sont *actuellement échus et dus pour un an*. Mais quand des légistes rédigent un article de loi, on dirait qu'ils le revêtent avec intention de la forme la plus propice à soulever des discussions. Aussi une question fort délicate s'est de suite présentée sur l'interprétation de cet article; on s'est demandé si la convention dont parle l'art. 1153 doit s'entendre uniquement d'une convention relative à des intérêts futurs, et s'il ne fallait pas dire que toute convention *ex post facto*, faite sur des intérêts actuellement dus, restait permise sans restriction.

Cette question générale se présente en pratique sous deux faces diverses que voici :

1° Peut-on convenir à l'avance que le débiteur, au lieu de payer les intérêts annuellement, les gardera à la condition de les joindre au capital et de payer les intérêts de la somme ainsi formée? 2° des intérêts dus pour moins d'une année de jouissance du capital peuvent-ils produire à leur tour des intérêts par l'effet d'une convention intervenue à l'époque de l'exigibilité?

Et d'abord, peut-on, lorsqu'on prête un capital pour plusieurs années, dix ans, par exemple, stipuler dans l'acte même du prêt que l'intérêt échu chaque année se capitalisera et se joindra au capital pour devenir, comme lui, productif d'intérêts? La formule algébrique à laquelle on est conduit en mettant en équation la question proposée, conduit inévitablement à une solution négative. En effet, soit a la somme prêtée : je la suppose placée à un intérêt de i p. % par an. Au bout de la première année qui s'est écoulée depuis que le prêt a été fait, elle produira $\frac{al}{100}$ d'intérêt, cette somme de $\frac{al}{100}$ fr., ajoutée au capital emprunté a donne un capital de $(a+\frac{al}{100})$ fr. ou $a\,(1+\frac{l}{100})$, c'est donc un capital de $a\,(1+\frac{l}{100})$ que devra l'emprunteur à la fin de la première année. Pendant la seconde année ce capital produira $a\,(1+\frac{l}{100})$, $\frac{l}{100}$, et cet intérêt, ajouté au capital $a\,(1+\frac{l}{100})$ dû par l'emprunteur au commencement de la seconde année, donne $a\,(1+\frac{l}{100}) \times a\,(1+\frac{l}{100}) \times \frac{l}{100} = a\,(1+\frac{l}{100}) \times (1\ \frac{l}{100})$ $= a\,(1+\frac{l}{100})^2$. Au commencement de la troisième année, l'emprunteur devrait la somme de $a\,(1+\frac{l}{100})$ 2 fr. En continuant les mêmes calculs, on trouvera qu'a[illegible] de n années l'emprunteur devra une somme représ[illegible] par $a\,(1+\frac{l}{100})^n$. Or, si l'on rapproche cette formule de celle des intérêts composés ou anatocisme $A = a\,(1+\frac{l}{100})^n$ que j'ai indiquée ci-dessus, on voit qu'elle lui est identique ; donc cette convention conduit à l'anatocisme ; donc elle est illicite.

Mais, dit-on, la loi lui permet en général les conventions sur les choses futures et les exceptions qu'elle apporte à ce principe doivent être entendues d'une manière restrictive. Dans l'art. 1154, la seule condition exigée pour la validité des conventions, c'est que les intérêts soient dus pour un an : rien n'indique qu'il s'agisse d'une convention postérieure à l'échéance, puisque les mots échus et dus peuvent s'entendre aussi bien dans le sens d'un futur composé que dans celui d'un prétérit. L'interprétation contraire fait dire à l'article une chose bien inutile, car le législateur qui permettait de fixer l'intérêt à un taux illimité, n'avait pas besoin de faire une disposition spéciale pour contrarier la convention dont il s'agit dans le cas où les intérêts seraient déjà dus et exigibles.

A ces raisonnements on pourrait répondre par la loi mathématique trouvée ci-dessus. D'ailleurs l'article parle d'intérêts *dus, échus;* comment, en vue de ce texte, peut-on soutenir qu'il doive s'entendre d'intérêts à échoir? La convention dont il est question dans l'art. 1154 est donc une convention intervenue postérieurement à l'échéance des intérêts, quand ils étaient réellement dus et échus. D'après l'art. 1154 la *demande* en justice et la *convention* sont mises à côté l'une de l'autre et sur la même ligne. L'effet que l'une produit, l'autre le produit également et sous les mêmes conditions, et il est bien évident que la capitalisation des intérêts au moyen d'une demande en justice ne peut s'appliquer qu'à des intérêts *échus que le créancier est en droit d'exiger;* donc cette stipulation n'est pas permise, puisque, contrairement à la loi, elle a pour objet des intérêts qui ne sont pas *échus*, mais des intérêts à *échoir*.

La seconde question soulevée sur l'art. 1154 doit être aussi résolue négativement, car elle est la même que la première; seulement elle est présentée sous une forme différente. Ainsi, je vous ai prêté à 5 p. % 20,000 francs pour six mois; puis-je, à l'échéance des six mois, convenir que vous garderez pour six mois encore et à 5 p. % le capital que je vous ai prêté et les intérêts que ce capital a produits pendant six mois? En appliquant à l'algèbre cette question, on trouvera exactement la même formule que ci-dessus; donc elle conduit à l'anatocisme; donc cette convention est prohibée. De plus elle a pour objet des intérêts échus non pour *un an* comme le demande l'art. 1154, mais pour *six mois* seulement, donc elle est en dehors de la loi.

Mais, dit-on, si tel est le sens de l'art. 1154, cet article est inutile, car rien n'est plus facile que d'éluder la prohibition qu'il renferme. Le débiteur en effet payera le capital et les intérêts échus, et recevra ensuite immédiatement à titre de prêt la somme par lui payée. La loi n'a donc pas pu vouloir défendre ce qu'en définitive elle sait bien ne pas pouvoir empêcher. On peut répondre qu'il en est à peu près de même de toute loi prohibitive ; ainsi, la loi de 1807 défend de prêter au delà du taux qu'elle a fixé, rien n'est plus facile que d'éluder la prohibition : cela n'empêche pas qu'elle existe réellement. Il y a dans ce cas, comme dans tous les cas semblables, une question de fait. Si les juges reconnaissent que la convention contient un anatocisme voilé, ils annuleront la convention. La loi leur en donne le moyen.

Cependant, il faut l'avouer avec regret, la jurisprudence et une pratique constante maintiennent les conventions anticipées d'anatocisme, et il serait impossible de lutter aujourd'hui contre l'usage universellement établi de stipuler dans les prêts et les constitutions de rente que les intérêts ou arrérages seront payés par semestre ou par trimestre.

Certains revenus peuvent légalement produire des intérêts, quoiqu'ils soient dus pour moins d'une année entière. Tels sont les loyers des maisons, les fermages des biens ruraux, les arrérages de rentes perpétuelles ou viagères (art. 1155). Ainsi, lorsque je vous loue ma maison à raison de 1000 francs par an, payables par trimestre, je puis, à chaque trimestre, mais après le trimestre échu, convenir avec vous qu'au lieu de me payer le trimestre échu, vous le garderez à titre de prêt à 3 p. %. Cette convention est valable ; mais remarquez qu'elle ne le serait plus, si elle était faite à l'avance dans l'acte même de location ; car, dans l'art. 1155, il s'agit de revenus *échus*, comme dans l'art. 1154 il s'agit d'intérêts *échus ;* les termes sont formels.

Une autre exception existe encore. Quand le possesseur de mauvaise foi a été condamné à payer une somme d'argent à titre de dommages-intérêts, comme équivalent des fruits qu'il a indûment perçus, cette somme constitue un capital que les parties peuvent, à leur gré, rendre productif d'intérêts.

Il en est de même dans le cas où un tiers s'obligerait à payer pour un débiteur les intérêts que celui-ci devait à son créancier ; car il ne s'agit pas d'anatocisme. L'expression intérêt n'est exacte, en effet, que de débiteur à créancier ; mais, dans les rapports du débiteur et du tiers, la somme versée par celui-ci est un capital ; la somme versée par ce tiers, et pour laquelle il a recours contre le débiteur, peut être rendue productive d'intérêts. Il sera même rarement nécessaire de faire une convention à ce sujet, car les tiers qui payent la dette d'autrui acquièrent une créance qui, le plus souvent, est de plein droit productive d'intérêts (art. 2001 et 1375).

Enfin, une dernière exception au principe de l'article 1154 est admise par la Cour de cassation. Elle décide que les intérêts compris dans chaque compte courant qui intervient entre négociants peuvent être capitalisés pour produire eux-mêmes intérêts du jour où chaque compte est dressé, quoiqu'il s'agisse d'intérêts dus pour moins d'une année (12 nov. 1844).

Je dois ajouter qu'il y a pourtant des contrats dans

lesquels les parties peuvent impunément stipuler un intérêt plus élevé que 5 et même que 6 p. %. Ainsi, dit l'art. 1976, la rente viagère peut être stipulée au taux qu'il plait aux parties de fixer. De même dans le contrat à la grosse et dans les assurances, la prime de l'assureur et le profit maritime sont réglés librement par les parties (art. 311 et 332, Code de commerce). Il en est de même encore des prêts faits par les monts de piété, des avances faites par la banque de France depuis la loi de mai 1857. Enfin, certaines sociétés peuvent émettre des obligations à un taux qui dépasse le taux légal. Mais ces contrats sont revêtus d'un caractère tellement aléatoire que la loi a dû les entourer de garanties particulières.

Telles sont les seules exceptions permises aux principes de la loi de 1807. Ces dispositions sont aussi simples que prudentes, et cependant elles présentent d'assez grandes difficultés dans leur application. L'usure, en effet, se présente rarement sous la forme d'un simple prêt; elle le déguise sous l'apparence d'autres contrats : les ventes à *réméré*, les contrats pignoratifs; en un mot, tous les moyens imaginés autrefois pour échapper aux ordonnances qui défendaient de prêter à intérêt sont employés maintenant pour échapper à la loi de 1807, qui défend de prêter au delà du taux établi. Aussi, dans la pratique, il est quelquefois fort difficile de décider avec quelque certitude si dans tel contrat telle clause est usuraire. Ainsi :

J'ai contre vous une créance de 20,000 fr. pour sûreté de laquelle j'exige des garanties; nous convenons que vous me vendrez avec facilité de rachat un de vos immeubles pour la somme de 25,000 fr., laquelle somme vous reconnaîtrez avoir reçue comptant. Par ce moyen, le capital et les intérêts de ma créance sont parfaitement garantis; car si, dans le délai de cinq ans, vous ne m'avez pas remboursé 25,000 fr., je deviens propriétaire incommutable d'un immeuble dont la valeur sera ordinairement de beaucoup supérieure au prix de vente.

Une pareille convention doit-elle être maintenue, du moins en tant que vente? Cette vente à *réméré* déguise un prêt; c'est le contrat pignoratif d'autrefois, qui était sévèrement défendu, et avec raison, car il était un moyen facile d'éluder les prohibitions de la loi à l'égard du prêt à intérêt. En effet, la vente n'ayant d'autre but que de procurer un gage au créancier, celui-ci avait tout intérêt à ce que la valeur du gage fût de beaucoup supérieure au montant de sa créance, et, d'un autre côté, le débiteur qui avait l'intention d'exercer le rachat dans les cinq ans était aussi intéressé à ce qu'il ne fût pas inséré dans l'acte de vente un prix qui n'aurait pas été en rapport avec la somme dont il était débiteur. Le contrat pignoratif se reconnaissait donc à la vilité du prix de vente.

Aujourd'hui que le prêt à intérêt est permis, le contrat pignoratif aura le plus souvent pour but de déguiser un prêt usuraire. Les juges apprécieront la moralité du créancier, ses habitudes; ils examineront s'il n'y a pas dans le contrat une clause de relocation de l'immeuble au vendeur, et s'ils soupçonnent la fraude, ils l'annuleront pour le tout. Dans le cas contraire, le contrat pignoratif seul, comme vente, pourrait être maintenu comme antichrèse modifiée par certaines clauses. Mais, dans aucun cas, les juges ne main[illegible]ndront la clause en vertu de laquelle le créancier, à défaut de rachat, deviendra propriétaire incommutable de l'immeuble (art. 2088). Or, cette dernière clause est la plus importante pour le créancier, car elle est la plus dangereuse pour le débiteur. En général, pour bien apprécier la légitimité du gain stipulé dans une convention de prêt, il faut ne pas perdre de vue que tout avantage obtenu par le prêteur au delà du taux légal soit en argent, soit en denrées, soit en services, constitue un fait d'usure. Cette règle, suivie par les anciens jurisconsultes, sert à trancher bien des difficultés apparentes. Ainsi, le prêteur ne pourrait pas stipuler, outre l'intérêt légal, qu'il se servirait de l'objet qui lui est remis en gage ou qu'il en percevrait les fruits. Ainsi, la convention d'antichrèse contenant compensation des intérêts de la dette avec les fruits de l'immeuble, serait usuraire si la valeur des fruits excédait notablement le montant des intérêts. Ainsi encore l'emprunteur qui s'est engagé à rendre au prêteur des services appréciables à prix d'argent, peut refuser d'exécuter la convention si la valeur des services promis dépasse le taux légal. Mais si je vendais à Primus mon immeuble pour 20,000 fr., puis-je convenir avec lui que le rachat ne pourra en être fait qu'au prix de 30,000 fr.? Pothier décidait que cette clause n'était pas illicite nécessairement et par elle-même, parce que le *réméré* n'étant pas dû au vendeur par la nature même du contrat de vente, on peut le lui faire acheter. D'ailleurs, nous avons pu, Primus et moi, prévoir, au moment du marché, que mon immeuble allait acquérir dans peu une plus-value importante dont on doit tenir compte. Cependant, cette clause n'en devra pas moins paraître suspecte aux juges, qui, après examen attentif des causes qui ont pu la motiver, pourront la modifier ou l'annuler. C'est en effet la doctrine qui a été consacrée par un arrêt de la Cour de Paris du 9 mars 1808 (Duvergier, *Vente*, t. II, n° 12).

Il existe une grande analogie entre le prêt à intérêt et l'escompte. On sait, en effet, que lorsqu'une dette n'est exigible qu'à une époque future et fixée, on peut en recevoir le montant immédiatement en payant l'intérêt de la somme due pour la durée à écouler encore. Tout problème d'escompte étant d'ailleurs mis en équation d'après les usages commerciaux suivis en France, conduit à la formule $x = \frac{ait}{100}$ ou $\frac{ait}{1,200}$ ou $\frac{ait}{36,000}$ et au fond on retrouve le prêt à intérêt. L'escompte consiste donc à fournir au porteur d'une créance sur un tiers la valeur de cette créance, moyennant l'intérêt d'une somme calculée d'après l'époque de son échéance. Le porteur de la créance est donc un homme qui a besoin d'argent et qui s'engage à rembourser la somme qu'il reçoit si le souscripteur du titre cédé ne paye pas le cessionnaire. Au fond, c'est donc un emprunteur que la loi doit protéger contre la cupidité du capitaliste, et sans méconnaître la différence théorique qui existe entre le prêt et l'escompte, on doit appliquer à l'escompte la loi de 1807. Il importe peu, en effet, que j'emprunte directement d'un banquier ou que je reçoive de lui une certaine somme en lui cédant la créance que j'ai contre Pierre, en me portant garant de sa solvabilité; n'est-ce pas, en effet, comme si je m'engageais à rendre à ce banquier l'argent qu'il me donne dans le cas où Pierre, le principal débiteur, ne payerait pas? Si j'étais le principal obligé, je ne pourrais pas être contraint à payer plus de 6 %; pourquoi le droit changerait-il lorsque je ne suis que créancier du débiteur principal ? Au fond, l'opération est toujours un prêt.

Cependant, comme le banquier qui escompte du papier doit souvent, pour en opérer l'encaissement, supporter des frais de change et de rechange, la jurisprudence décide qu'il peut exiger le remboursement de ces frais au-dessus du taux légal, et que l'escompte ne doit pas être soumis à la loi de 1807 ; et elle ne distingue même pas l'escompte en dehors suivi en France de l'escompte en dedans, qui est surtout en usage à l'étranger. Il est pourtant incontestable que le premier n'est pas équitable et constitue une opération essentiellement usuraire. En France, en effet, on calcule l'intérêt de la somme portée au billet pour le nombre de jours à écouler jusqu'à l'échéance, et on retranche cet intérêt du capital. Ainsi, pour escompter le 13 juin à 4, 50 % par an un billet de 2,600 fr. qui n'échoit que le 19 septembre suivant, on calcule l'intérêt de 98 par la formule $x = \frac{ait}{36,000}$ qui est de 31, 84, et on le retranche de la somme portée au billet. On retient donc ainsi l'intérêt de la somme qu'on paye en effet, plus celui de l'escompte qu'on retient. A l'étranger, on ne retranche du chiffre porté au billet que l'intérêt de la somme payée, en employant la formule $x = \frac{a}{1 + \frac{it}{36,000}}$. Les calculs sont un peu plus longs, c'est vrai, mais au moins ne sont-ils pas usuraires quand l'intérêt i ne dépasse pas 6 %. La jurisprudence aurait donc dû prohiber l'emploi de la première formule, et astreindre l'escompteur à ne donner à i dans la seconde que la valeur 5 dans le cours ordinaire de la vie, et 6 dans les opérations commerciales.

La Cour de Paris, qui a validé l'escompte perçu à un taux supérieur à 6 % sur les souscripteurs même des billets escomptés, a motivé la doctrine sur des raisons meilleures que celles de la jurisprudence. « L'escompte, dit-elle, malgré sa ressemblance avec le prêt, ne s'en distingue pas moins par des caractères bien tranchés. Le banquier qui escompte ne prête pas ; il achète une créance et il l'achète pour ce qu'elle lui semble valoir. Le banquier qui accepte un billet à escompter ne le prend que pour sa valeur commerciale, c'est-à-dire pour l'argent qu'il pourra en retirer en le négociant. Or, cette valeur n'étant tarifée ne pourrait être tarifée par aucune loi ; c'est à ceux qui se livrent à ce genre d'opérations à débattre les conditions qu'on leur impose, et une fois ces conditions acceptées, ils doivent les subir. » Ces motifs, en reconnaissant à l'escompte un caractère propre, en font une opération différente de prêt et paraissent conformes aux principes.

Il faut alors en dire autant du change qui est une indemnité perçue par le banquier pour les frais de déplacement et de transport d'argent qu'il évite au négociant en lui payant, dans le lieu où il se trouve, une somme payable dans un autre lieu. Cette indemnité, qui se calcule facilement par la règle d'arbitrage quand on connait le cours des monnaies, ne peut être soumise à des lois invariables, car le cours du change varie avec les pays, avec les circonstances politiques, enfin avec un ensemble d'éléments qu'il est impossible d'apprécier à l'avance.

Mais il est une opération qui, dans l'état actuel de notre société, a pris, grâce au développement de l'esprit de spéculation, une grande importance ; elle offre un placement commode et sûr, mais elle cache souvent des opérations usuraires qui échappent cependant à la loi : c'est le report.

Un capitaliste a une somme de 68,000 fr. qui reste improductive dans son secrétaire ; la rente étant à 68, il achète 1,000 fr. de rentes et les revend immédiatement et par la même opération fin de mois à 68 fr. 25 c., je suppose ; il paye donc 68,000 fr. et recevra au bout du mois 68,250 fr. Les 250 fr. représenteront l'intérêt de son argent qui n'atteint pas le taux légal, et il court la chance que son acheteur soit insolvable. C'est un placement sûr et commode qui n'est autre chose qu'un prêt sur nantissement, car le banquier garde les titres. Aussi faut-il décider que le reporteur, c'est-à-dire le prêteur, n'a droit qu'au payement de la somme qu'il a réellement prêtée, avec les intérêts légaux (jugement du Tribunal de commerce de la Seine, le 11 mars 1857).

Voilà un report honnête permis tant qu'il reste dans les limites que la loi a imposées à l'intérêt ; mais, en fait, l'intérêt du prix dans ces sortes de marchés dépasse presque toujours le taux légal, et c'est ce qui explique l'établissement des caisses de report spirituellement appelées le mont-de-piété des spéculateurs (Jeannote Bozérian, *la Bourse*).

Mais, à côté de ce report, s'en place un autre qui n'est qu'un vrai jeu de bourse : le spéculateur n'a à sa disposition qu'une somme relativement minime, 10,000 fr., par exemple ; il donne ordre à un agent de change d'acheter pour 300,000 fr. de valeurs livrables fin du mois. Si les cours haussent, il trouvera facilement, en réalisant, le moyen de s'acquitter, ou, s'il ne lève pas les titres, il bénéficiera d'une importante différence; si les cours baissent, il ne peut pas prendre, faute de capital, il n'a jamais voulu prendre livraison des titres dépréciés; alors il les fait revendre; mais, en même temps, il les rachète pour la quinzaine suivante ou fin du mois. La différence qu'il a dû subir, il la paye ou en est débité; le plus souvent il a donné à l'avance, pour assurer le payement de cette différence, et livré comme couverture les 10,000 fr. qu'il avait à sa disposition. Ce qui s'est passé à une première échéance de quinzaine ou de fin de mois se renouvelle aux échéances suivantes, et la liquidation ne s'opère jamais que par le payement ou le débit de différences, sans qu'il y ait jamais livraison des titres vendus, sans qu'il y ait eu réalisation et versement du capital, prix de la chose vendue.

C'est donc, sous le nom de report, et sous l'apparence d'une opération régulière, un pari sur la hausse ou la baisse des effets publics; c'est un jeu de bourse, une opération nulle devant la loi, qui n'a pas à examiner si le taux est légal ou illégal, si les parties ont observé ou transgressé ses dispositions.

POSITIONS.

DROIT ROMAIN.

I. Pour que la propriété soit transférée par la tradition, suffit-il que les parties soient d'accord sur la translation de propriété? Leur accord doit-il porter, en outre, sur la cause de cette translation? Julien professe la première opinion (loi 36, *De acq. rer. dominio*); Ulpien la réfute dans la loi 18, *De reb. cred.*

II. Il me paraît impossible de déterminer d'une manière certaine, au moyen des seuls documents que nous avons jusqu'ici, quel était le taux de l'intérêt fixé par la loi des Douze Tables.

III. La divergence d'opinion qui existe entre la loi 34, *Mandati*, d'Africain, et les lois 11 et 15, *De rebus cred.*, d'Ulpien, peut s'expliquer par le progrès de la doctrine.

IV. Un dépôt n'est pas converti en *mutuum* par suite de la permission tacite donnée au dépositaire de vendre *non eadem corpora numerorum sed tantumdem*, et le déposant pourra obtenir des intérêts par l'*actio depositi* (loi 24, *Depositi vel contra;* loi 26, § 1, *Depositi*).

V. Il y a antimonie entre les décisions d'Africain, dans la loi 38, § 1, *De solutionibus*, et celle d'Ulpien, dans la loi 3, § 12, *De donationibus inter virum et uxorem;* les *conciliations* proposées par Cujas (*Tract.*, VII, t. I, p. 1141) et par Pothier (*De solut.*, n° 32), sont inadmissibles.

VI. Il n'y a qu'une opposition apparente entre la décision contenue dans la loi 49, *Mandati*, et la doctrine qui résulte des lois 35, *De acq. rer. domini*, et 15, § 3, *De contrahenda empt.*

DROIT FRANÇAIS.

I. L'escompte se distingue-t-il de l'intérêt, et la loi de 1807 lui est-elle applicable? Il faut distinguer l'escompte en dedans de l'escompte en dehors.

II. Le juge qui peut accorder un délai peut-il aussi suspendre, jusqu'à son expiration, le cours des intérêts? — Oui.

III. Le créancier qui a donné quittance du capital serait-il admis à prouver que les intérêts lui sont encore dus? — Oui.

IV. Si des denrées ont été prêtées sur estimation, le

contrat intervenu doit-il être considéré comme prêt d'argent? — Oui, en général.

V. Si le prix de la vente est converti en rente, chacun des héritiers du débiteur de la rente peut-il racheter la rente pour sa part? — Le Code n'en dit rien : la réponse me paraît devoir être négative.

VI. Le taux commercial de 6 % est-il applicable au prêt fait par un non commerçant à un commerçant? — Oui : la réciproque conduirait à une réponse contraire.

PROCÉDURE.

I. Les juges ont-ils le droit d'accorder des délais au débiteur, même quand le créancier est muni d'un titre exécutoire? — Il faut résoudre cette question par des distinctions.

II. Le tiers saisi peut-il valablement payer à ses créanciers l'excédant de la somme saisie sur celle qui est due au créancier saisissant? — Non.

HISTOIRE DU DROIT.

I. L'usufruit légal établi par l'art. 384 du Code Napoléon dérive des droits de garde noble et bourgeoise combinés.

II. La noblesse française a son origine dans le compagnonnage des Germains et dans les rapports de l'au-trustionnat.

DROIT DES GENS.

Les décrets de 1809 et de 1811 sont-ils abrogés? — Oui.

Vu par le Président de la Thèse,
Doyen de la Faculté,

C.-A. PELLAT.

Permis d'imprimer :

Le Vice-Recteur de l'Académie,

ARTAUD.

www.ingramcontent.com/pod-product-compliance
Ingram Content Group UK Ltd.
Pitfield, Milton Keynes, MK11 3LW, UK
UKHW020402230726
13925UKWH00003B/1228

9 782014 090512